我们一起解决问题

AI公文写作本通

AI公写一

用ChatGPT和文心一言
提高公文写作质量
和写作效率

辑文公◎编著

人民邮电出版社
北京

图书在版编目（CIP）数据

AI公文写作一本通：用ChatGPT和文心一言提高公文写作质量和写作效率 / 辑文公编著. -- 北京：人民邮电出版社，2024.1
ISBN 978-7-115-63045-2

Ⅰ．①A… Ⅱ．①辑… Ⅲ．①计算机应用－公文－写作 Ⅳ．①H152.3-39

中国国家版本馆CIP数据核字(2023)第203872号

内 容 提 要

公文写作是各类组织机构都会涉及的一项重要工作，但传统的公文写作存在容易出错、风格不一致、效率低等问题。在人工智能（AI）技术快速发展的浪潮中，公文写作这项工作也可以借助AI完成"升级"，实现质量和效率的提升。

本书共17章，第1章以《党政机关公文处理工作条例》为依据，介绍公文的特点、作用、写作要点、分类等；第2章介绍常用的AI写作工具；第3章至第17章按照"用公文范本训练AI，撰写提示词，优化提示词，精修初稿"的思路，分别介绍运用AI工具撰写15类公文的具体方法。此外，第3章至第17章还提供了各类公文的常用句式及金句，供读者参考使用。

本书适合党政机关及企事业单位行政人员、文书撰写人员及希望提高公文写作能力的其他人员阅读。

◆ 编　著　辑文公
　　责任编辑　陈　宏
　　责任印制　彭志环
◆ 人民邮电出版社出版发行　　北京市丰台区成寿寺路 11 号
　　邮编 100164　电子邮件 315@ptpress.com.cn
　　网址 https://www.ptpress.com.cn
　　天津翔远印刷有限公司印刷
◆ 开本：720×960　1/16
　　印张：20　　　　　　　　　　2024 年 1 月第 1 版
　　字数：180 千字　　　　　　　2024 年 1 月天津第 1 次印刷

定　价：99.00 元

读者服务热线：（010）81055656　印装质量热线：（010）81055316
反盗版热线：（010）81055315
广告经营许可证：京东市监广登字 20170147 号

前　言

公文写作是各类政府机构、企事业单位行政部门的一项重要工作。公文是传递信息、制定决策和沟通交流的主要工具之一，记录着组织运营、管理和发展的细节和过程。因此，规范、风格一致、高效的公文写作可以为保障组织顺畅运转、提升组织效率提供有力的支撑。然而，传统的公文写作方式往往存在以下问题。

第一，容易出错。人工起草的公文会难以避免地出现一些拼写和打字错误，对一些重要公文来说，这样的错误影响非常大。要想避免这些错误，就需要投入大量的人力来校对、审核，非常耗时耗力。

第二，风格不一致。不同的人所写的公文在风格、用词和格式方面往往有一定的差异，导致同类公文前后的行文可能存在不一致。这对组织的外部形象可能会产生负面影响。

第三，重复度高，效率低。公文一般都有固定的格式，在写作内容上具有一定的重复性，这导致撰写公文的人很多时候要花时间做一些重复性的工作，效率比较低。

如今，随着人工智能（Artificial Intelligence，AI）技术的快速发展，我们迎来了一个可以显著改变公文写作方式的时代。AI 不仅为我们提供了强大的工具，还给公文写作带来了新的方法。

借助 AI 工具，我们可以最大限度地减少公文中的拼写和打字错误，大大提升文稿的文字质量；经过反复的问答训练，AI 工具输出的内容会在行文风格上保持高度的前后一致性，使组织可以保持一个稳定的对外形象；AI 工具最大的优势就是可以非常高效地完成重复性的工作，大幅提升写作者的工作效率。

因此，本书的核心目标就是向您介绍如何使用 AI 工具来提高公文写作质量和写作效率。

在本书中，我们首先会向您提供有关公文写作和 AI 工具的基础知识，以及如何将它们结合起来，高效率地撰写不同类型的公文。

之后，我们将手把手教您如何借助 AI 工具高效地撰写决议、公告、通知等 15 类常见的公文。每类公文都用一整章的篇幅来详细介绍，每章包含五个模块：

- 如何运用公文范本训练 AI 工具，让其认识和学习我们需要的公文格式及风格；
- 如何撰写 AI 公文写作的提示词；
- 如何优化提示词，更加精准地向 AI 工具提出写作要求；
- 如何精修 AI 工具输出的公文初稿，以弥补 AI 写作的不足；
- 各类公文的常用句式及金句。

为了方便您在办公环境下使用，本书还提供了 15 类公文的数十篇范文，以及近千条常用句式及金句的电子版文件，您可以根据自身需要下载使用。

本书可以为企事业单位行政人员、文书撰写人员及希望提高公文写作能力的其他人员提供以下价值：

- 学会如何高效地使用 AI 工具，提高公文写作效率；

- 掌握公文写作的基础知识和技巧，从而更加自信地应对各种写作任务；
- 理解如何针对不同类型的公文，借助 AI 工具快速、高质量地撰写专业、规范的文稿。

　　很多人都认为，未来 AI 会重塑很多行业，甚至会取代部分岗位。这一观点正确与否要留待时间来验证，眼下我们能做的就是不断地适应和学习新技术，掌握新技能，增强自己各个方面的竞争力。感谢您选择阅读本书，希望本书能帮助您更好地运用 AI 工具，提高您的写作能力，获得更大的职业成就。

目　录

第 1 章　公文的特点、写作要点与基本分类

1.1　公文的特点与作用　/ 3

1.2　公文的写作要点　/ 6

1.3　公文的分类及各自的特点　/ 8

第 2 章　常用的 AI 写作工具

2.1　ChatGPT　/ 20

2.2　文心一言　/ 26

2.3　讯飞星火　/ 32

第 3 章　手把手教你用 AI 写决议

3.1　第一步，让 AI 了解决议的基本结构与格式　/ 41

3.2　第二步，为 AI 提供撰写决议的关键提示词　/ 46

3.3　第三步，根据 AI 输出的初稿优化提示词　/ 47

3.4 第四步，审查、调整初稿 / 49

3.5 决议中的常用句式及金句 / 52

第 4 章 手把手教你用 AI 写决定

4.1 第一步，让 AI 了解决定的基本结构与格式 / 57

4.2 第二步，为 AI 提供撰写决定的关键提示词 / 61

4.3 第三步，根据 AI 输出的初稿优化提示词 / 63

4.4 第四步，审查、调整初稿 / 64

4.5 决定中的常用句式及金句 / 67

第 5 章 手把手教你用 AI 写命令（令）

5.1 第一步，让 AI 了解命令（令）的基本结构与格式 / 77

5.2 第二步，为 AI 提供撰写命令（令）的关键提示词 / 79

5.3 第三步，根据 AI 输出的初稿优化提示词 / 81

5.4 第四步，审查、调整初稿 / 82

5.5 命令（令）中的常用句式及金句 / 84

第 6 章 手把手教你用 AI 写公报

6.1 第一步，让 AI 了解公报的基本结构与格式 / 91

6.2 第二步，为 AI 提供撰写公报的关键提示词 / 93

6.3 第三步，根据 AI 输出的初稿优化提示词 / 95

6.4 第四步，审查、调整初稿 / 96

6.5 公报中的常用句式及金句 / 98

第 7 章　手把手教你用 AI 写公告

7.1　第一步，让 AI 了解公告的基本结构与格式　/ 103

7.2　第二步，为 AI 提供撰写公告的关键提示词　/ 106

7.3　第三步，根据 AI 输出的初稿优化提示词　/ 108

7.4　第四步，审查、调整初稿　/ 109

7.5　公告中的常用句式及金句　/ 111

第 8 章　手把手教你用 AI 写通告

8.1　第一步，让 AI 了解通告的基本结构与格式　/ 121

8.2　第二步，为 AI 提供撰写通告的关键提示词　/ 127

8.3　第三步，根据 AI 输出的初稿优化提示词　/ 129

8.4　第四步，审查、调整初稿　/ 131

8.5　通告中的常用句式及金句　/ 134

第 9 章　手把手教你用 AI 写意见

9.1　第一步，让 AI 了解意见的基本结构与格式　/ 141

9.2　第二步，为 AI 提供撰写意见的关键提示词　/ 150

9.3　第三步，根据 AI 输出的初稿优化提示词　/ 152

9.4　第四步，审查、调整初稿　/ 155

9.5　意见中的常用句式及金句　/ 159

第 10 章　手把手教你用 AI 写通知

10.1　第一步，让 AI 了解通知的基本结构与格式　/ 167

10.2 第二步，为 AI 提供撰写通知的关键提示词 / 173

10.3 第三步，根据 AI 输出的初稿优化提示词 / 175

10.4 第四步，审查、调整初稿 / 176

10.5 通知中的常用句式及金句 / 179

第 11 章 手把手教你用 AI 写通报

11.1 第一步，让 AI 了解通报的基本结构与格式 / 189

11.2 第二步，为 AI 提供撰写通报的关键提示词 / 197

11.3 第三步，根据 AI 输出的初稿优化提示词 / 199

11.4 第四步，审查、调整初稿 / 200

11.5 通报中的常用句式及金句 / 202

第 12 章 手把手教你用 AI 写报告

12.1 第一步，让 AI 了解报告的基本结构与格式 / 207

12.2 第二步，为 AI 提供撰写报告的关键提示词 / 213

12.3 第三步，根据 AI 输出的初稿优化提示词 / 215

12.4 第四步，审查、调整初稿 / 217

12.5 报告中的常用句式及金句 / 221

第 13 章 手把手教你用 AI 写请示

13.1 第一步，让 AI 了解请示的基本结构与格式 / 231

13.2 第二步，为 AI 提供撰写请示的关键提示词 / 235

13.3 第三步，根据 AI 输出的初稿优化提示词 / 236

13.4 第四步，审查、调整初稿 / 237

13.5 请示中的常用句式及金句 / 239

第14章 手把手教你用 AI 写批复

14.1 第一步，让 AI 了解批复的基本结构与格式 / 245

14.2 第二步，为 AI 提供撰写批复的关键提示词 / 247

14.3 第三步，根据 AI 输出的初稿优化提示词 / 248

14.4 第四步，审查、调整初稿 / 249

14.5 批复中的常用句式及金句 / 251

第15章 手把手教你用 AI 写议案

15.1 第一步，让 AI 了解议案的基本结构与格式 / 255

15.2 第二步，为 AI 提供撰写议案的关键提示词 / 258

15.3 第三步，根据 AI 输出的初稿优化提示词 / 259

15.4 第四步，审查、调整初稿 / 260

15.5 议案中的常用句式及金句 / 263

第16章 手把手教你用 AI 写函

16.1 第一步，让 AI 了解函的基本结构与格式 / 271

16.2 第二步，为 AI 提供撰写函的关键提示词 / 273

16.3 第三步，根据 AI 输出的初稿优化提示词 / 275

16.4 第四步，审查、调整初稿 / 276

16.5 函中的常用句式及金句 / 279

第 17 章　手把手教你用 AI 写纪要

17.1　第一步，让 AI 了解纪要的基本结构与格式　/ 287

17.2　第二步，为 AI 提供撰写纪要的关键提示词　/ 292

17.3　第三步，根据 AI 输出的初稿优化提示词　/ 295

17.4　第四步，审查、调整初稿　/ 297

17.5　纪要中的常用句式及金句　/ 300

第 1 章

公文的特点、写作要点与
基本分类

1.1　公文的特点与作用

1.1.1　公文的特点

公文是各类组织机构用来传递信息、做出决策和管理事务的正式文件。公文具有一系列特点，这些特点反映了其在组织管理和社会交往中的重要地位。

1. 性质与功能方面的特点

（1）正式性：公文具有正式性，通常以法定格式和规范语言编写。这种正式性赋予了公文权威性和法律效力，使其成为重要的决策和指导工具。

（2）组织性质：公文通常是组织内部沟通和对外沟通的工具，用于传递组织内部的政策、决策和管理要求，以及与外部实体的交流。

（3）决策性质：公文常常承载着组织机构的决策和指导思想，用于规范和引导相关行为，反映了组织机构的政策和立场。

2. 形式方面的特点

（1）格式规范：公文采用标准的格式，包括发文单位、文种、发文日期、标题、正文、签署人、印章等要素。这种规范性有助于统一文档结构，使公文易于识别和分类。

（2）语言正式：公文使用正式的语言和术语，避免口头化表达，以确保信息传达准确、权威。

（3）编排清晰：公文的内容应编排清晰、逻辑严谨，以确保信息的流畅传递。公文一般通过章节划分、编号、项目符号等实现清晰的组织结构。

3. 内容方面的特点

（1）政策和指导：公文常用于传达政府政策、决策和指导思想，以引导各级政府机构、企业和公民的行为。

（2）组织管理：公文涉及组织内部管理的各个方面，包括人事任免、财务安排、工作计划等。

（3）通知和公告：公文可以用于发布通知、公告、会议通知、内部通信等，以及向公众传达信息。

（4）对外合作：公文还可以用于国际合作、合同签订、协议达成等方面的交流和合作。

4. 写作要求方面的特点

（1）准确性：公文要准确传达信息，以确保决策和执行的正确性。错误或不准确的信息可能导致严重后果。

（2）清晰性：公文必须以清晰、简洁、明了的语言表达内容，避免歧义。清晰的表达有助于读者正确理解公文的意图。

（3）规范性：公文要符合写作规范、格式要求，遵循正式的写作流程，以确保一致性和专业性。

（4）权威性：公文要体现发文单位的权威性和决策的合法性，包括签署人、印章等。

综上所述，公文是各类组织机构不可或缺的工具，具有独特的性质、形式、内容和写作要求。只有熟悉公文的特点，才能写出合格的公文，进而实现提高工作效率、规范组织运作、维护社会秩序等目的。

1.1.2　公文的作用

公文在各类组织机构中发挥着重要的作用，它们是正式的书面文件，用于传递信息、管理事务、做出决策和规范行为。

公文的主要作用可以归纳为以下几项。

（1）传递信息：公文是传递信息的主要工具之一，可以用于组织内部沟通和对外沟通，以便及时传达政策、决策、通知、指导思想、工作安排等信息。

（2）管理事务：公文可以用于组织内部管理事务，包括人事任免、财务安排、工作计划、项目管理等，以记录组织内部的重要决策和管理行为。

（3）制定政策和法律法规文件：政府部门和立法机构使用公文来制定政策及法律法规文件，这些文件在规范社会行为、保障公共利益方面发挥着关键作用。

（4）决策工具：公文通常包括决策的正式文件，用于确立和宣布组织的决策，有助于明确权责和义务。

（5）记录历史：公文记录了组织和社会的历史，可以用于追溯过去的决策、行为和事件，或者作为法律和历史研究的参考资料。

（6）法律约束：一些公文规定了当事方的法律义务和责任，因此具有法律效力，具体效力和法律约束力取决于其性质和内容。

（7）体现组织文化：公文的用词、语气和表达方式通常会受到组织文化和价值观的影响，可以反映组织的特色和形象。

（8）对外交流与合作：公文在国际交往、合同签订、协议达成等方面发挥着重要作用，有助于明确各方的权利和义务。

（9）社会交往工具：公文在社会交往中有助于不同组织和个体之间的沟通、合作和信息共享，可以促进社会的互动和发展。

综上所述，公文在组织管理、政府决策、社会交往等方面是一种不可或缺的工具，具有多重作用，为信息传递、管理事务、规范行为、记录历史等提供了重要支持。理解并正确运用公文对各类组织和社会的正常运作至关重要。

1.2 公文的写作要点

1.2.1 行文规则

行文规则就是不同的组织机构之间进行公文往来时需要共同遵守的原则和制度，主要包括以下几个方面。

（1）遵守相关法律法规：各类组织机构之间进行公文往来时必须严格遵守相关法律法规，包括草拟、审批、签发、执行等各个环节，以确保公文的合法性和合规性。

（2）保证信息准确性：公文必须传递准确的信息，避免错误或误导。发文单位须核实信息的真实性，并在需要时提供支持文件或数据。

（3）遵循机密性和保密性原则：涉及机密或敏感信息的公文须妥善保密，以确保不泄露敏感信息。公文须明确标识保密级别。

（4）遵循时效性原则：公文在往来过程中需要保持时效性。及时回复、办理和执行公文有助于确保事务的顺利进行。

（5）明确决策和授权：公文必须明确决策和授权的来源和合法性。发文机构须确保公文的决策权威、授权清晰。

（6）采用正式格式：公文必须按照规定的格式和标准进行书写和排版，包括发文单位、日期、标题、正文、签章等。

（7）注重沟通和协作：公文往来应倡导积极的沟通和协作，以解决问题、推动事务，避免误解和冲突。

（8）做好文件管理和存档：发文单位和收文单位都要建立有效的文件管理和存档体系，以便追踪和检索公文，并保障文件的完整性和安全性。

（9）及时撤销和废止：如有必要，发文单位应及时撤销或废止不再有效的公文，以避免混淆和误解。

（10）效率和协同：公文往来应注重效率和协同工作，减少繁文缛节、简化程序，以提高工作效率。

综上所述，各类组织机构之间进行公文往来时需要遵守共同的原则，以确保公文的合法性、准确性、保密性和高效性，建立良好的工作合作关系，推动事务的顺利进行。

1.2.2　表达方式

公文写作在表达方式上有一些特殊的要求，这些要求有助于确保公文的清晰、准确和规范。

通常来说，公文在表达方式上应符合以下要求。

（1）正式用语。公文应使用正式的用语和规范的术语，避免使用口头化表达、俚语或非正式语言。使用正式用语有助于增强文件的权威性和专业性。

（2）明确和简洁。表达方式应明确、简洁，避免使用冗长和复杂的句子。每个句子应表达一个明确的概念或观点。

（3）术语和缩写。如果需要使用特定的术语或缩写，应在文件中首次出现时加以解释，并确保在整个文件中使用统一的术语或缩写。避免使用大部分读者不了解的专业术语。

（4）逻辑顺序。公文的内容应按照逻辑顺序组织，确保信息的流畅传达。公文要使用合适的过渡词语（如"首先""其次""再次""最后"）来帮助读者理解文本的结构。

（5）段落和标点。公文应分段，每一段应有明确的段落标识，以帮助读者理解文本的结构。标点符号应使用得当，以确保句子的意思明确。

（6）模板和格式。公文应遵循格式要求，包括页边距、字体、行距、页眉、页脚等，以确保文件的一致性和专业性。

（7）统一性。整篇公文要保持语言和格式的统一性，不要在不同的部分使用不同的表达方式或术语。

（8）正式开场白和结尾。公文的开场白应简要概括本文的主题和目的，结尾应总结要点，强调重要信息，并提供必要的下一步行动或联系方式。

（9）审慎用词。公文要审慎用词，确保用词准确反映公文的意图，避免使用可能引起误解或争议的词语。

（10）文风和修辞。公文写作通常采用平稳、中性的文风，避免使用过多的修辞手法，以确保信息的准确传达。

综上所述，公文的表达方式要有助于确保公文内容清晰准确、格式规范，使读者能够迅速理解和执行公文中的内容。

1.3　公文的分类及各自的特点

本书介绍的公文，涵盖了《党政机关公文处理工作条例》第八条规定的15 类公文，即决议、决定、命令（令）、公报、公告、通告、意见、通知、通报、报告、请示、批复、议案、函和纪要。

下面逐一介绍这 15 类公文的特点及细分类别。

1.3.1　决议

决议具有以下几个特点。

（1）正式性。决议是正式的文件，通常遵循特定的格式和法律法规，以确保其合法性和权威性。

（2）决策性。决议包含具体的决策、决定或建议，往往会描述组织或会议所采取的具体措施。

（3）规范性。决议对组织成员具有约束力，要求他们遵守决议所制定的决策。

（4）明确性。决议应表达清晰、明确的决策，以便读者准确理解并按照指示采取行动。

（5）合法性和权威性。决议必须符合法律法规，确保决策的合法性和权威性。

决议可以细分为公布性决议、批准性决议和阐述性决议。

决议在形式结构上主要包括标题、成文日期（即决议正式通过的日期）、正文（决议根据、决议事项、决议结语）等。

1.3.2　决定

决定具有以下几个特点。

（1）严肃性。决定通常采用正式的语言和格式，遵循一定的法律法规和规范，以确保其合法性和权威性。

（2）强制性。决定一般体现了上级机关对下级机关的要求，对相关人员和组织具有约束力，具有一定的强制性。

（3）明确性。决定应表达清晰、明确的决策内容，以便读者准确理解并按照指示采取行动。决策通常以明确的措辞表述，如"决定""要求""批准"等。

决定可以细分为法规性决定、指挥性决定、奖惩性决定和变更性决定。

决定在形式结构上主要包括标题、主送机关、正文、发文机构署名、成文日期等，一般需要加盖公章，以体现其约束力。

1.3.3 命令（令）

命令（令）具有以下几个特点。

（1）重要性。以命令（令）发布的内容，一般都是非常重要的行政措施。

（2）权威性。只有具备特定权力的机关才可以发布命令（令）。

（3）强制性。在本书涉及的 15 类公文中，命令（令）是强制性最高的文种。

在实践中，命令（令）的类型比较多，使用频率较高的细类主要包括发布令、行政令、嘉奖令和任免令。

命令（令）在形式结构上主要包括标题（发文机关、事由、文种）、令号、正文、发令机关署名或发令者职务和姓名、成文日期等。

1.3.4 公报

公报具有以下几个特点。

（1）重要性。发布公报的机关一般级别都很高，涉及的内容也都是党内外、国内外的重大事件。

（2）公开性。顾名思义，公报就是公开报告，目的是将公报的内容公之于众，实现最广泛的传播。

（3）新闻性。公报的内容一般都是最近发生的事件或最新作出的决定，是广大群众普遍关心的内容。

公报可以细分为刊物公报、会议公报、统计公报、联合公报等。

公报在形式结构上主要包括标题（事由、文种）、成文时间（排在标题下方）、正文、签署等。

1.3.5　公告

公告具有以下几个特点。

（1）广泛性。公告的内容和发文主体非常多样，公告的大多是具有广泛影响的事件。

（2）单一性。公告一般都是一文一事，一篇公告只讲一件事。

公告与公报类似，也具有公开性和新闻性的特点。

公告可以细分为要事性公告、政策性公告、任免性公告和法定性公告。

公告在形式结构上主要包括标题、发文字号（排在标题下方）、正文、发文机构署名、成文日期等。

1.3.6　通告

通告具有以下几个特点。

（1）法规性。很多时候，通告的内容都与地方颁布的法规有关，用于约束特定人群和组织机构的行为。

（2）实务性。通告都是针对某项具体工作发出的，针对的都是具体的问题，涉及的也是具体的部门，实务指导性很强。

（3）广泛性。通告通常是面向组织内外同时发布的，力求所有相关人员和组织机构都可以知晓。

通告可以细分为知照性通告、办理性通告和禁管性通告。

通告在形式结构上主要包括标题、主送机关（可以省略）、正文、发文机关署名、成文日期等。

1.3.7　意见

意见具有以下几个特点。

（1）多向性。意见既可以是向上提出的，也可以是向下提出的，还可以是向同级部门提出的。

（2）针对性。意见一般都是针对某个具体事项或组织机构提出的。

（3）多样性。意见的内容和作用可以是多种多样的。

意见可以细分为指导性意见、实施性意见、呈报性意见和呈转性意见。

意见在形式结构上主要包括标题、主送机关（可以省略）、正文、发文机关署名、成文日期等。

1.3.8　通知

通知具有以下几个特点。

（1）多样性。通知的内容和作用是多种多样的，适用的场景也很多。

（2）广泛性。通知的发文主体和受众都很广泛，各类企事业单位和各级政府机关都可以发布通知。

（3）指导性。通知中的事项对接收通知的人和组织机构具有一定的指导意义。

（4）时效性。通知往往都有一定的时间要求，过了特定的时间，通知就无效了。

通知可以细分为批转性通知、转发性通知、发布性通知、事务性通知、任免性通知和告知性通知。

通知在形式结构上主要包括标题、主送机关、正文（缘由、事项、执行要求）、发文机关署名、成文日期等。

1.3.9　通报

通报具有以下几个特点。

（1）典型性。通报的内容必须是具有代表性的事件或人物。

（2）引导性。无论正面内容还是负面内容，通报的目的都是引导大家树立发文组织所要倡导的价值观和理念。

（3）时效性。通报的内容一般都是最近发生的人物事迹，如果时间过了很久，通报的效果就会大打折扣。

（4）真实性。通报的内容必须实事求是、准确无误。

通报可以细分为表彰通报、批评通报和情况通报。

通报在形式结构上主要包括标题、主送机关、正文（主要事实、教育意义、决定要求）、发文机关署名、成文日期等。

1.3.10　报告

报告具有以下几个特点。

（1）单向性。报告都是下级组织向上级组织呈递的公文，行文方向是单一的。

（2）概括性。报告在写作风格上以叙述和说明为主，主要是概括性的汇报和介绍。

（3）实践性。报告的内容应该都是发文组织自己实际做过的工作。

报告可以细分为工作报告、情况报告、建议报告、答复报告和报送报告。

报告在形式结构上主要包括标题、主送机关、正文、发文机关署名、成文日期等。

1.3.11　请示

请示具有以下几个特点。

（1）回复性。一篇请示一般都会有一篇批复与之对应。

（2）单一性。一篇请示一般只涉及一项工作或一种情况。

（3）针对性。请示的内容一般都是发文组织权限之外的事项。

（4）超前性。请示需要给上级组织留出批复时间，收到批复之后，下级组织才能采取具体行动。

（5）可行性。请示中提出的方案和要求必须是切实可行的，而且属于上级组织的批复权限范围。

请示可以细分为求示性请示、求准性请示、求助性请示等。

请示在形式结构上主要包括标题、主送机关、正文、发文机关署名、成文日期等。

1.3.12　批复

批复具有以下几个特点。

（1）被动性。批复都是为应对下级组织的请示而作出的，是被动生成的公文。

（2）针对性。每一篇批复都是针对特定的请示作出的。

（3）权威性。作出批复的组织级别一般高于接收批复的组织，因此批复具有一定的指导性和权威性。

（4）简明性。批复要简单明了地针对请示的事项提出指导意见，不用进行具体的解释说明。

批复可以细分为批示性批复和批准性批复两类。

批示在形式结构上主要包括标题、主送机关、正文（引述、答复、结束语）、发文机关署名、成文日期等。

1.3.13 议案

议案具有以下几个特点。

（1）定向性。议案一般是各级人民政府向同级的人民代表大会或人民代表大会常务委员会发出的公文。

（2）政策性。议案涉及的内容一般都是需要提交人民代表大会审议的事项。

（3）时限性。议案一般都是在同级人民代表大会或其常务委员会举行会议期间提出的。

议案可以细分为立法性议案、决策性议案和任免性议案。

议案在形式结构上主要包括标题、主送机关、正文、发文机关署名（写明签发人姓名并签字）、成文日期等。

1.3.14 函

函具有以下几个特点。

（1）平等性。函一般用于无隶属关系的组织机构之间的正式沟通、协商和问答，体现了双方地位的平等。

（2）广泛性。函可以用于各类组织机构之间的正式公文往来，适用的主体非常广泛。

（3）单一性。一份函只对应一个事项，内容上不需要做过多阐述，宜简洁明了。

函可以细分为告知函、商洽函、询问函、答复函、请批函等。

函在形式结构上主要包括标题、主送机关、正文、发文机关署名、成文日期等。

1.3.15 纪要

纪要具有以下几个特点。

（1）纪实性。纪要的内容必须是真实的，与会议的实际情况和议定的事项相符。

（2）概括性。纪要必须提纲挈领、简明扼要地表述内容，传达重点信息。

（3）条理性。纪要必须条理清晰，进行合理的归纳和总结。

纪要可以细分为工作会议纪要、代表会议纪要、座谈会议纪要、联席会议纪要、办公会议纪要和汇报会议纪要。

纪要在形式结构上主要包括标题、正文（会议概况和议定事项）、出席人员、请假人员、列席人员等。

第 2 章

常用的 AI 写作工具

本章介绍的几种常用的 AI 写作工具实际上都是大语言模型（Large Language Model），也就是使用大量文本数据训练的深度学习模型，它们可以生成自然语言文本并理解文本的含义。

在使用 AI 写作工具之前，我们先了解一个重要的概念——提示词。

简单来说，提示词就是我们发送给 AI 的指令，或者说我们向 AI 提出的问题。要想获得高质量的回答，就要提出高质量的问题。一般来说，好的提示词包含两类信息：一是任务目标，二是与该目标相关的背景信息，如输出要求、例子等。

了解了提示词的概念之后，我们还要掌握一些与 AI 沟通的基本技巧，这些技巧有助于 AI 更准确地理解我们的需求，从而帮助我们写出高质量的公文。

技巧 1：给自己或 AI 设定具体的角色。

技巧 2：向 AI 提供详细的背景信息。

技巧 3：向 AI 提出具体的输出要求，如格式等。

技巧 4：如果提示词的效果不理想，可以让 AI 帮助我们优化提示词。

技巧 5：必要时使用定界符（如"###"或"***"）分隔提示词中的不同部分。

技巧 6：必要时向 AI 提供详细的任务执行步骤。

2.1   ChatGPT

ChatGPT 的全称是 Chat Generative Pre-trained Transformer，是 OpenAI 公司开发的一款基于大语言模型的 AI 聊天程序。

ChatGPT 的表现十分出色，远远超过之前出现过的聊天程序，因此上线后很快就吸引了大量用户的关注，带动了大语言模型的风潮。其他互联网企业纷纷推出自己的大语言模型，大众津津乐道的"千模大战"由此展开。

2.1.1   ChatGPT 的特性与能力

ChatGPT 的主要特性如下。

- 大规模训练数据。ChatGPT 是基于大量文本数据进行训练的，这使它能理解和生成自然语言文本。

- 多层 Transformer。GPT 架构由多个 Transformer 层组成，可以捕捉文本中的复杂模式和关系。

- 预训练和微调。ChatGPT 首先进行预训练，然后在特定任务上进行微调，以改善特定用途（如聊天）的性能。

- 自然语言生成与理解。ChatGPT 不仅能生成文本，还能理解输入的文本，从而进行更有效的对话。

- 多用途。虽然 ChatGPT 主要用于对话系统，但它也可以用于其他自然语言处理任务，如文本摘要、机器翻译、问答系统等。

- 高质量的文本生成。ChatGPT 生成的文本通常具有很高的可读性、一致性和准确性，尽管也可能存在生成不准确或不相关信息的情况。

- 上下文理解。ChatGPT 能理解前文上下文，并据此生成或回应文本。

- 无监督学习。在预训练阶段，ChatGPT 通过无监督学习从大量无标签文本中学习。

- 可扩展性。GPT 架构是可扩展的，这意味着可以通过增加模型大小来提升性能。

- 限制与偏见。训练数据可能包含社会和文化偏见，因此 ChatGPT 可能会反映这些偏见。

- 固定的知识库。模型在训练结束后的知识是静态的，无法实时更新或获取新信息。

这些特性使 ChatGPT 成为一种强大且多功能的自然语言处理工具，但也有一定的局限性。

ChatGPT 的能力十分强大。以下是它的一些主要能力。

- 文本生成。ChatGPT 能够生成自然、流畅和一致的文本，这使得它在自然语言生成任务中表现出色。

- 对话管理。虽然 ChatGPT 不是专门为对话系统设计的，但能有效地参与和管理多轮对话。

- 上下文理解。由于 ChatGPT 可以捕捉长序列的依赖关系，因此它能够理解上下文，并据此生成响应。

- 问题回答。ChatGPT 能够根据给定的上下文回答具体的问题，尽管回答可能不如专门设计的问答系统准确。

- 文本摘要。ChatGPT 能够理解长文本并生成简洁的摘要。

- 语言翻译。虽然 ChatGPT 不如专门的机器翻译系统准确，但也具有一定的语言翻译能力。

- 内容推荐。基于给定的上下文，ChatGPT 能够推荐相关的信息或行动。

- 文本分类和标签。虽然 ChatGPT 主要是一个生成模型，但也可以用于某些文本分类或标签分配任务。

- 情感分析。ChatGPT 能够识别文本中的情感倾向，如正面、负面或中性。

- 自然语言推理。ChatGPT 可以完成一些基础的逻辑推理任务，尽管可能不如专门设计的逻辑推理模型准确。

- 创意写作。由于 ChatGPT 具有生成自然和一致文本的能力，因此也可用于创意写作和生成故事。

- 代码生成和理解。虽然 ChatGPT 不是专门为这一目的设计的，但有能力生成简单的代码片段，并在一定程度上理解代码。

ChatGPT 支持多种语言的输入输出，支持多种文本输出格式，包括纯文本、Markdown、HTML、代码等。

虽然 ChatGPT 不支持直接输入语音或上传文件，但其 GPT-4 版本支持丰富的插件，用户可以通过插件实现语音输入、文件上传及其他功能。

2.1.2 ChatGPT 的使用方法

ChatGPT 目前仅支持网页端访问，用户只需要注册 ChatGPT 账号并登录，就可以使用其基本功能。

目前，ChatGPT 网页端提供两个版本，分别是 GPT-3.5 和 GPT-4。GPT-3.5 版本向所有注册用户开放，该版本提供基本功能；GPT-4 版本仅向付费用户开放（必须成为 ChatGPT Plus 服务订阅用户），该版本提供一些尚处于测试阶段的高级功能，如插件、高级数据分析等。

ChatGPT 网页端主页面十分简洁，如图 2-1 所示。

主页面左侧是对话管理侧栏，上方有两个按钮，分别是"新对话"（New chat）按钮和"侧栏收起 / 弹出"按钮，单击"新对话"按钮可以启动新对话，单击"侧栏收起 / 弹出"按钮可以收起或弹出侧栏；中部是对话列表，选中某个条目后，右边会出现对话标题编辑按钮和删除按钮，分别用于编辑对话标

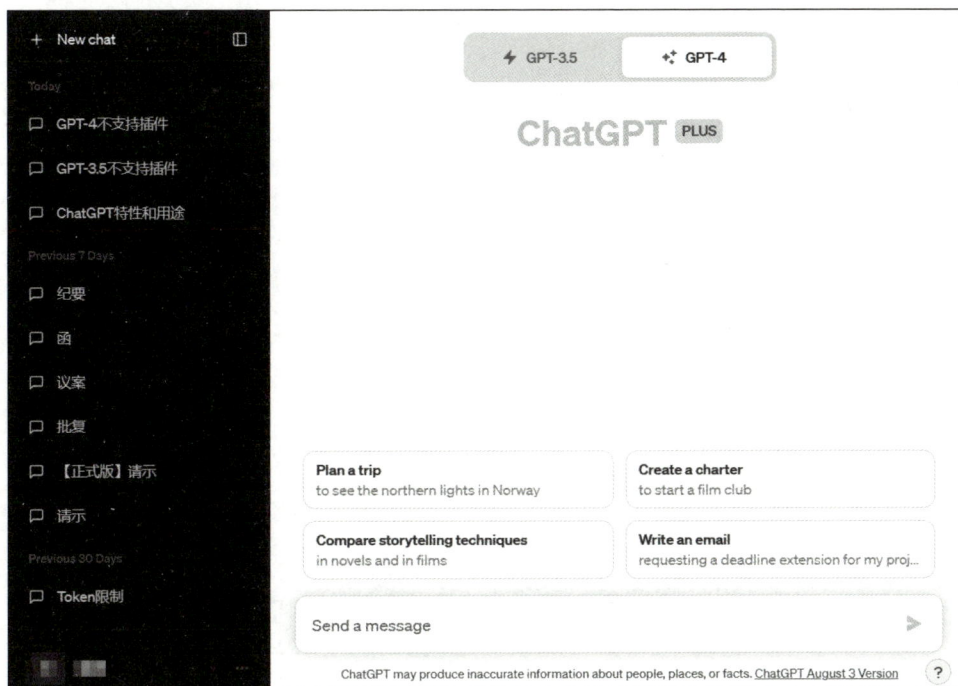

图 2-1　ChatGPT 网页端主页面

题和删除历史对话；下方是设置按钮（三个小圆点），单击设置按钮会弹出设
置菜单，里面的设置项非常简单，在此不再赘述。

　　主页面右侧上方有两个标签，分别是 GPT-3.5 和 GPT-4。如果你是
ChatGPT Plus 服务订阅用户，就可以通过单击标签进行版本切换；如果你不
是 ChatGPT Plus 服务订阅用户，单击"GPT-4"标签时会弹出付费提示。

　　主页面右侧下方有一些推荐提示词，底部是聊天框。

　　成为 ChatGPT Plus 服务订阅用户后，将鼠标指针放到"GPT-4"标签
上，会弹出一个快捷菜单（见图 2-2），里面有三个选项，分别是"默认"
（Default）、"高级数据分析"（Advanced Data Analysis）和"插件"（Plugins）。
如果选择"默认"选项，那么不会启用任何高级功能，如果选择"高级数据
分析"选项，那么会启用高级数据分析功能；如果选择"插件"选项，那么

会启用插件功能。

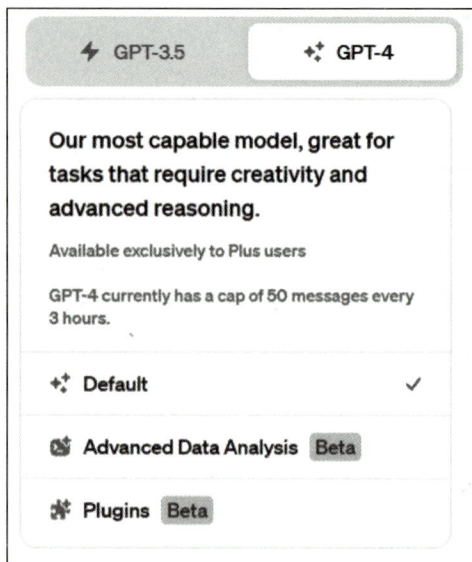

图 2-2　GPT-4 版本可启用高级功能

　　相比于同类产品，ChatGPT 的一大优势就是拥有活跃的插件商店，用户可以通过各种插件扩展 ChatGPT 的能力。选择"插件"选项后，"GPT-4"标签下方会出现"未启用插件"（No plugins enabled）按钮（见图 2-3），单击该按钮会弹出一个快捷菜单，里面只有一个选项——"插件商店"，单击该选项会弹出"插件商店"页面（见图 2-4）。

图 2-3　"未启用插件"按钮

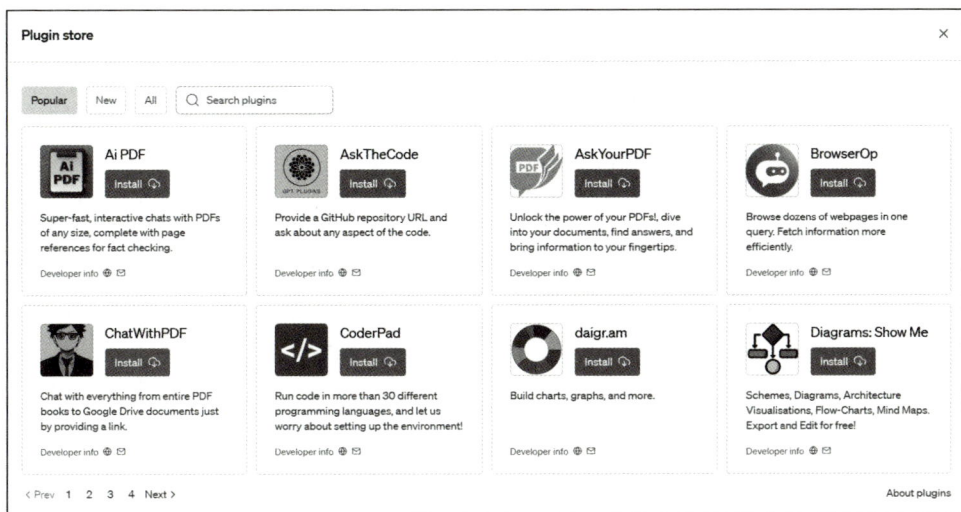

图 2-4 "插件商店"页面

"插件商店"页面上方有几个标签，分别是"流行"（Popular）、"新品"（New）和"全部"（All），单击不同的标签可以切换到相应的页面查看各类插件。用户还可以通过搜索框搜索插件。找到合适的插件后，单击"安装"（Install）按钮即可完成插件的安装。

此处以 Ai PDF 为例，安装该插件后，ChatGPT 主页面"GPT-4"标签下面的按钮会改为显示 Ai PDF 的图标（见图 2-5），单击该按钮后弹出的快捷菜单也发生了改变，里面增加了一个选项，显示插件 Ai PDF 已启用（勾选或取消选中后面的复选框即可启用或停用插件）。

插件 Ai PDF 可以让 ChatGPT 具备阅读 PDF 文档的能力。我们可以向 ChatGPT 提问，了解使用该插件的具体方法。当然，我们还可以安装其他插件并同时启用多个插件，进一步扩展 ChatGPT 的能力。

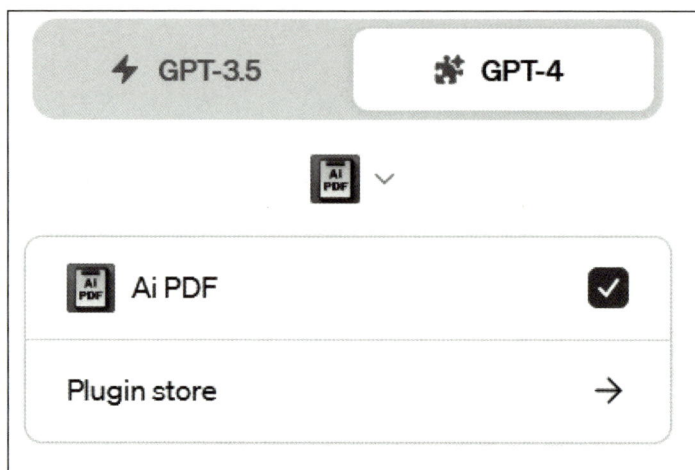

图 2-5　安装插件后相关按钮和快捷菜单发生了改变

2.2　文心一言

百度是国内较早开始研究大模型的互联网企业。百度文心大模型是百度推出的一系列预训练模型，可以应用于各种自然语言处理任务，如文本分类、情感分析、问答系统等。这些大模型基于百度飞桨深度学习平台和文心知识增强技术，具备高效、准确、灵活的特点。

文心一言是百度基于文心大模型技术推出的生成式对话产品，可以通过与用户的交互，不断优化和改进自己的模型，提供精准、自然的对话服务。

2.2.1　文心一言的特性与能力

文心一言具有以下特性与能力。

- 语言理解能力。文心一言能够理解自然语言文本的含义和上下文，并能够根据用户的问题或需求提供准确的回答和解决方案。

- 多种语言支持。文心一言支持多种语言，包括中文、英文和其他语言，可以为全球范围内的用户提供帮助。
- 知识储备广。文心一言基于大量的语料库和知识库进行训练，具有广博的知识储备，能够根据用户的问题或需求提供相关的知识和信息。
- 个性化交互。文心一言能够根据用户的输入和交互历史进行个性化交互，提供精准和个性化的服务。
- 实时更新。文心一言能够实时更新自己的知识库和模型参数，以保持高效率和准确性。这使它能够随时为用户提供更新、更准确的信息。
- 安全性。文心一言注重用户隐私和数据安全，严格遵守相关法律法规，能够保护用户输入的敏感信息和数据，确保用户信息的安全性。

文心一言支持多模态生成，除了可以生成文本，还可以生成语音和图像。例如，我们可以要求文心一言生成唐诗《咏鹅》的语音（见图 2-6），还可以让它生成一张企鹅滑雪的图片（见图 2-7）。

图 2-6 文心一言支持生成语音

在文本生成方面，文心一言支持多种输出格式，包括纯文本、Markdown、HTML、代码等。例如，我们可以要求文心一言生成一段能在屏幕上显示"hello，world/"的 Python 代码（见图 2-8）。

图 2-7　文心一言支持生成图像

图 2-8　文心一言支持输出程序代码

2.2.2　文心一言的使用方法

文心一言目前支持网页端和客户端访问，用户只需要注册百度账号并登录，就可以使用文心一言的各种功能。

百度账号的注册方法比较简单，在此不再赘述。

1. 网页端

文心一言网页端主页面如图 2-9 所示。

主页面顶部靠右有"文心一言 App"和"一言百宝箱"等链接，单击"文心一言 App"链接可以下载文心一言手机客户端，单击"一言百宝箱"链接可以进入"一言百宝箱"页面，该页面提供了丰富的工具（见图 2-10）。

图 2-9　文心一言网页端主页面

主页面左侧上方有"新建对话"按钮，用于启动新对话，下方有"批量删除"按钮，用于批量删除历史对话。

主页面右侧上方是文心一言的简介和提示信息，下方有聊天框和"选择插件"按钮，聊天框用于向文心一言发出指令（即"提示词"），单击"选择插件"按钮可以选择文心一言支持的插件（见图 2-11），扩展其功能。

图 2-10 "一言百宝箱"页面

图 2-11 文心一言支持的插件

2. 客户端

文心一言客户端主页面如图 2-12 所示。

主页面顶部左端是对话管理按钮，点触该按钮后会进入"我的对话"页面（见图 2-13），用户可以在此页面中新建对话、查看或删除历史对话；主页面顶部中间有三个标签，分别是"对话""社区"和"发现"，点触不同的标签可以切换到相应的页面。其中，"社区"页面展示了其他用户的作品（见图 2-14），"发现"页面中有各种实用的、针对不同应用场景的模型（见图 2-15），相当于具备不同特长的"专职助理"；主页面顶部右端是用户管理按钮。

图 2-12　文心一言客户端主页面

图 2-13　"我的对话"页面

图 2-14 "社区" 页面

图 2-15 "发现" 页面

主页面中部是对话区域；底部左端是"提示词工具"按钮，点触该按钮可以快速选用热门的提示词（见图 2-16）；主页面底部中间是聊天框，聊天框内右侧有一个上传图片的按钮；主页面底部右端是语音输入按钮。

2.3　讯飞星火

科大讯飞是我国 AI 领域的知名企业，之前主要专注于语音识别、机器翻译等领域，并推出了一系列广受欢迎的产品，如讯飞录音笔、讯飞听见等。

讯飞星火认知大模型（简称"讯飞星火"）也是国内目前比较流行的大模型之一。

图 2-16　提示词工具

2.3.1　讯飞星火的特性与能力

讯飞星火具有以下特性与能力。

- 多语言支持。讯飞星火支持中文和英文等多语言的交互，可以实现跨语言的沟通。

- 知识图谱。讯飞星火构建了包含多个实体关系和属性的知识图谱，能够从大量的文本中自动抽取知识并进行结构化表示。

- 深度学习技术。讯飞星火采用了深度学习技术，能够对海量的文本数据进行特征提取和学习，从而实现强大的自然语言处理能力。

- 可扩展性。讯飞星火具有良好的可扩展性，可以通过增加数据和算力来提升其性能和功能。

- 应用广泛。讯飞星火可以应用于多个领域，包括智能客服、智能问答、机器翻译、文本生成等。

讯飞星火支持多种语言的输出，包括中文、英语、日语、韩语等。讯飞星火还支持多种文本格式，包括纯文本、Markdown、HTML 等。

讯飞星火支持上传文件（文档、图片等）并能理解文件中的内容（见图 2-17），但目前不支持直接输出文件。

你能理解我上传的图片吗？

这张图片展示了一只企鹅在雪地上滑雪的场景。企鹅穿着橙色的滑雪板，站在雪地上，看起来非常可爱。它的腿和脚都伸展开来，似乎正在享受滑雪的乐趣。

重新回答

图 2-17　讯飞星火可以理解图片中的内容

科大讯飞在语音识别方面有深厚的技术积累，因此讯飞星火支持语音输入，可以快速、准确地将语音指令转为文本指令（见图 2-18），但目前不支持直接输出语音。

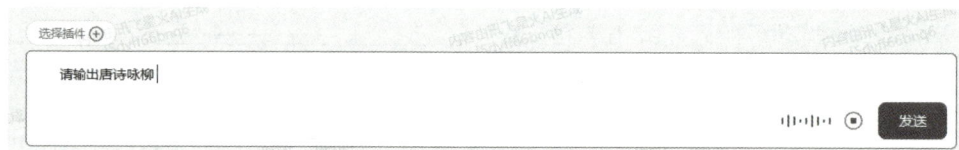

选择插件 ＋

请输出唐诗咏柳

发送

图 2-18　讯飞星火可以将语音指令转为文本指令

2.3.2　讯飞星火的使用方法

讯飞星火目前支持网页端、客户端、小程序端和 H5 端访问，用户只需要注册讯飞开放平台账号并登录，就可以使用讯飞星火的各种功能。

讯飞星火小程序和 H5 端的界面及使用方法与客户端的类似，而且功能相对较少，因此下面仅介绍网页端和客户端。

1. 网页端

讯飞星火网页端主页面如图 2-19 所示。

主页面左侧是对话管理和助手区域，里面有"助手中心"和"新建对话"按钮，还有"历史对话"和"助手列表"两个列表。单击"助手中心"按钮可以进入"星火助手中心"页面（见图 2-20），该页面提供了十分丰富的助手；单击"新建对话"按钮可以启动新对话。"历史对话"和"助手列表"列表分别列出了之前的对话和之前使用过的助手。

图 2-19　讯飞星火网页端主页面

图 2-20 "星火助手中心"页面

主页面右上角有用户管理按钮和发音人设置按钮，右端有"Q&A 指南""指令推荐""星火 App"等链接，单击"星火 App"链接可以下载讯飞星火客户端。

主页面中间展示了一些推荐助手，下方有聊天框和"选择插件"按钮，单击"选择插件"按钮可以选择讯飞星火支持的插件（见图 2-21），扩展其功能。聊天框内有上传文件和语音输入按钮，用户可以自主上传讯飞星火支持的文件或进行语音输入。

图 2-21 讯飞星火支持的插件

2. 客户端

讯飞星火客户端主页面如图 2-22 所示。

主页面顶部左端有两个标签，分别是"对话"和"助手"，点触不同的标签可以切换到相应的页面。其中，"助手"页面展示了种类丰富的助手（见图 2-23），用户也可以创建自己的专属助手。

主页面右端是新对话和历史管理按钮，点触新对话按钮可以启动新对话，点触历史管理按钮可以进入历史管理页面查看对话历史和助手历史（见图 2-24），还可以点触"设置"按钮进入"设置"页面进行更多的设置（见图 2-25）。

主页面中部是对话区域；主页面底部是聊天框、语音输入按钮和"选择插件"按钮，点触"选择插件"按钮可以选择讯飞星火支持的插件（见图 2-26）。聊天框内左端有一个上传图片的按钮。

图 2-22　讯飞星火客户端
主页面

图 2-23　"助手"页面

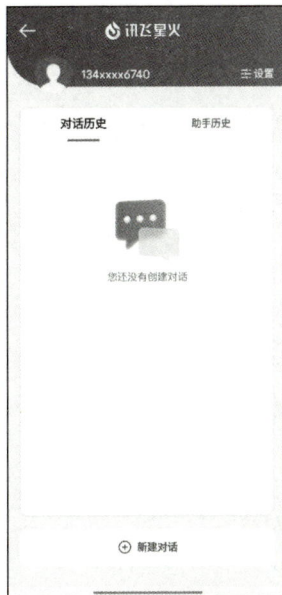

图 2-24　历史管理页面

AI 公文写作一本通

用 ChatGPT 和文心一言提高公文写作质量和写作效率

图 2-25 "设置"页面

图 2-26 讯飞星火
客户端支持的插件

手把手教你用 AI 写决议

3.1　第一步，让 AI 了解决议的基本结构与格式

在让 AI 工具帮助我们写决议之前，我们需要先训练 AI 工具，让它了解决议的基本结构与格式。虽然有些 AI 工具也了解一些有关决议的写作知识，但这些知识可能是不规范、不完整的，如果我们直接让 AI 工具输出决议初稿，很可能会因为其中存在的问题太多，而不得不花大量时间进行调整和修改，这就与我们使用 AI 工具来提高工作效率的初衷相背离了。

所以这第一步其实是很重要的，虽然会额外花一些时间，但磨刀不误砍柴工，而且 AI 工具都是有记忆能力的，做完训练之后，你再次使用同一种 AI 工具写同一类公文时，就可以跳过这一步了。

1. 初次提问

训练 AI 工具的方法其实不难，我们可以先找一篇符合通行的公文写作规范或者本单位公文写作要求的范文，按照以下方式向 AI 工具提问。

提示词如下。

> 以下是一篇决议的范文。
> 中国共产党 ×× 乡第十三次代表大会关于中共 ×× 乡第十二届委员会工作报告的决议
> 中国共产党 ×× 乡第十三次代表大会，听取 ×× 同志代表中国共产党 ×× 乡第十二届委员会所作的工作报告，经过认真审议，决定批准这个

报告。

大会认为，报告对我乡第十二次代表大会以来工作的回顾和总结是实事求是的。五年来，乡党委认真贯彻执行党的路线、方针、政策。在县委的正确领导下，经过全乡上下共同的努力，圆满完成了上次代表大会提出的各项任务，各项事业都取得了新成就。全体代表对乡党委工作表示满意。

大会同意，报告提出的今后五年我乡改革和发展的指导方针及主要任务，是符合我乡的实际情况的，经过努力是可以实现的。大会认为，今后五年是我乡建设社会主义新农村的关键时期。全乡各级党组织要以这个报告作为今后五年工作的依据，制定具体措施，切实将这次大会提出的各项任务落到实处。

大会号召，全乡各级党组织和全体共产党员，不断探索和总结成功经验，在新一届乡党委的领导下，同全乡人民一道，同心同德，与时俱进，开拓创新，锐意进取，为我乡推进经济社会发展的各项事业而努力奋斗。

请按照这篇范文的格式和结构重写一篇决议。

AI 工具输出的结果如下。

中国共产党 ×× 镇第十四次代表大会关于中共 ×× 镇第十三届委员会工作报告的决议

中国共产党 ×× 镇第十四次代表大会，充分听取 ×× 同志代表中国共产党 ×× 镇第十三届委员会所作的工作报告，经过认真审议，一致通过此报告。

大会高度评价工作报告，认为其对于我镇第十三次代表大会以来的工作回顾和总结是切实的。在过去的五年中，镇党委忠实贯彻党的路线、方针和政策。在县委的正确领导下，经过全镇上下的共同努力，成功完成了上次代表大会提出的各项任务，各项事业都取得了新的成就。全体代表对镇党委的工作表示充分肯定。

大会一致认为，工作报告中提出的今后五年我镇改革和发展的指导方针及主要任务，与我镇的实际情况相契合，通过共同的努力可以实现。今后五年对于我镇建设社会主义新农村而言，是至关重要的时期。全镇各级党组织必须以此报告为依据，制定切实可行的措施，切实将本次代表大会提出的各项任务付诸实践。

大会呼吁，全镇各级党组织和党员同志们务必持续积累成功经验，在新一届镇党委的领导下，与全镇居民携手共进，齐心协力，不断创新与时俱进，勇往直前，为推动我镇经济社会各项事业的发展而奋发努力。

目前的问答式 AI 都是基于大模型来训练的，具有强大的上下文记忆能力。经过这样的一轮问答，我们可以让 AI 工具熟悉我们想要的决议的具体格式。这一轮问答的目的不是让 AI 工具输出我们可以直接使用的结果，而是让 AI 工具更加具体地了解我们的需求。

2. 再次提问

如前文所述，决议分为三类，即公布性决议、批准性决议和阐述性决议。上面这个例子是批准性决议，党政机关用得比较多，下面我们再举一个公布性决议的例子。

提示词如下。

以下是一篇上市公司股东会决议的范文。

××××公司股东会决议

根据《中华人民共和国公司法》及本公司章程的有关规定，本公司于××××年××月××日召开了公司股东会，会议由代表××%表决权的股东参加，经代表××%表决权的股东通过，作出如下决议。

1. 同意公司名称从 ×××× 变更为 ××××。

2. 同意公司股东名称从 ×××× 变更为 ××××。

3. 同意公司经营范围变更。

4. 同意公司住所变更。

5. 同意公司经营期限变更。

6. 同意 ××× 将 ×××× 公司的 ××× 万元股权（其中未到位 ××× 万元）转让给 ×××；……

股东转让股权后，本公司的最新股本结构如下：×××，认缴出资额为 ××× 万元（其中未到位 ××× 万元），占注册资本的 ××%；……

7. 同意修改公司章程，具体修改内容见"××× 公司章程修正案"（或见 ×××× 年 ×× 月 ×× 日修改后的公司新章程）。

8. 选举 ××× 为公司本届执行董事，由执行董事担任公司法定代表人。

9. 选举 ××× 为公司本届监事。

10. 上一届执行董事、监事人员同时免去。

11. 委托 ××× 办理相关手续。

×××× 公司股东会

法人（含其他组织）股东盖章：

自然人股东签字：

日期：×××× 年 ×× 月 ×× 日

请严格按照以上范文的格式和结构重写一篇公司股东会决议。

AI 工具输出的结果如下。

××××公司股东会决议

根据《中华人民共和国公司法》以及本公司章程的相关规定，本公司于××××年××月××日在公司总部召开了公司股东会，会议由代表××%表决权的股东参加，经代表××%表决权的股东一致通过，作出以下决议。

1. 同意将公司名称由××××变更为××××。

2. 同意将公司股东名称由××××变更为××××。

3. 同意对公司经营范围进行变更。

4. 同意对公司住所进行变更。

5. 同意对公司经营期限进行变更。

6. 同意×××将××××公司的×××万元股权（其中未到位×××万元）转让给×××；……

经股东转让股权后，本公司的最新股本结构如下：×××，认缴出资额为×××万元（其中未到位×××万元），占注册资本的××%；……

7. 同意修改公司章程，具体修改内容详见"××××公司章程修正案"（或见××××年××月××日修改后的公司新章程）。

8. 选举×××为公司本届执行董事，并由执行董事担任公司法定代表人。

9. 选举×××为公司本届监事。

10 免去上一届执行董事和监事的职务。

11. 委托×××办理相关手续。

××××公司股东会

法人（含其他组织）股东盖章：

自然人股东签字：

日期：××××年××月××日

阐述性决议的格式与前两种决议一致，正文内容因主题而有所不同，在此就不再举例演示了。

3.2 第二步，为 AI 提供撰写决议的关键提示词

如前文所述，决议在形式结构上主要包括标题、成文日期和正文。其中，正文又包括决议根据、决议事项和结语。有的决议还包括发文机构署名和印章（可省略）及成文日期（可省略）。

我们在向 AI 工具提问时，提示词也要分为相应的几个部分，越具体越好。下面举例说明。

提示词如下。

请写一篇决议。

标题是"××县人大常委会关于批准××××年财政预算变动的决议"。

成文日期是××××年××月××日。

这项决议是依据××县财政局提交的《关于××县××××年预算变动的报告》作出的。

这份报告提出，××××年将停止×项费用的征收，建议××县财政预算由××××万元下调到××××万元。

决议结论是，结合审计工作报告和县人大常委会的审查意见，批准《关于××县××××年预算变动的报告》，批准××××年的财政预算变动。

落款的发文机构为××县人大常委会。

发文时间是××××年××月××日。

AI 工具输出的结果如下。

××县人大常委会关于批准××××年财政预算变动的决议

成文日期：××××年××月××日

××县人大常委会，根据××县财政局提交的《关于××县××××年预算变动的报告》，经过审查和充分讨论，于××××年××月××日召开会议，就××××年财政预算变动作出如下决议。

一、决定批准《关于××县××××年预算变动的报告》，并将其列入正式文件，作为财政预算的重要依据。

二、根据《关于××县××××年预算变动的报告》中的建议，同意××××年停止×项费用的征收，从而将××县财政预算由××××万元下调至××××万元。

三、决定结合审计工作报告和县人大常委会的审查意见，正式批准××××年的财政预算变动。

四、此决议经××县人大常委会全体委员表决通过，即日生效。

特此决定。

××县人大常委会

日期：××××年××月××日

3.3　第三步，根据 AI 输出的初稿优化提示词

上面输出的初稿，虽然语句比较通顺，也没有语法问题，但还存在两方面的问题：一是格式与标准的决议还有一些细微的差别，有一些冗余的词语；二是内容的前后逻辑关系存在错误。

我们在提示词里要表达的是：因为有若干项费用停止征收，财政收入下

降，所以需要调整当年的财政预算。但 AI 工具输出的初稿并没有体现出来这一点，所以我们需要让提示词的逻辑和表述更清楚一些。

优化之后的提示词如下。

请根据以下内容写一篇决议，正文部分请分段表述，不要罗列条目。

××县人大常委会关于批准××××年财政预算变动的决议

××××年××月××日

依据××县财政局提交的《关于××县××××年预算变动的报告》，××××年将停止×项费用的征收。因此，××××年××县财政预算由××××万元下调至××××万元。

结合审计工作报告和县人大常委会的审查意见，现批准《关于××县××××年预算变动的报告》，批准××××年的财政预算变动。

××县人大常委会

××××年××月××日

AI 工具输出的结果如下。

××县人大常委会关于批准××××年财政预算变动的决议

××××年××月××日

××县人大常委会根据××县财政局提交的《关于××县××××年预算变动的报告》，经过充分审查和深入讨论，特此决定：

鉴于××县财政局所提出的《关于××县××××年预算变动的报告》，根据该报告的建议，本县计划在××××年停止对×项费用的征收，以此为基础，决定将××××年×县财政预算由××××万元下调至××××万元。

本决议是在结合审计工作报告及县人大常委会的审查意见的基础上作出的，充分考虑了预算变动的必要性和合理性，也符合××县未来财政发

展的需要。

特此决定。

× × 县人大常委会

日期：× × × × 年 × × 月 × × 日

3.4 第四步，审查、调整初稿

经过提示词优化，AI 工具输出的决议初稿已经大致符合了公文写作的基本要求，但我们还需要进一步做两方面的工作。

一方面，因为 AI 工具对文本内容只做概率性地判断，并不理解其真正的意义，所以经常会输出看起来比较流畅但有违常识和逻辑的内容。因此，我们还需要对 AI 工具输出的内容做进一步的审查和调整。

另一方面，目前主流的 AI 工具都无法直接输出包含复杂格式的文本，除非要求其输出 Markdown 格式文本，但这需要用户具备一定的 Markdown 语法基础，而且 AI 工具无法一步到位地输出标准格式。因此，对于 AI 工具输出的内容，我们还需要花时间调整格式，使其符合公文的格式要求。

从这两方面出发，我们对上述初稿进行修改，改后的文稿如下。

×××××文件

×××〔××××〕×号

××县人大常委会关于批准×××年财政预算变动的决议

（××××年××月××日××××会议通过）

××县人大常委会根据××县财政局提交的《关于××县××××年预算变动的报告》，经过充分审查和深入讨论，作出如下决议。

根据××县财政局所提交的《关于××县××××年预算变动的报告》，本县将在××××年停止对×项费用的征收，因此，××××年××县财政预算计划由××××万元下调至××××万元。

— 1 —

　　本决议是在结合审计工作报告及县人大常委会的审查意见的基础上作出的，充分考虑了预算变动的必要性和合理性，也符合××县未来财政发展的需要。

××县人大常委会

××××年××月××日

3.5　决议中的常用句式及金句

3.5.1　党政机关决议中的常用句式及金句

党政机关决议中的常用句式及金句有助于体现决议的决断性和庄重性。以下是一些常用句式及金句。

强调决定的权威性和决心时的常用句式如下。

本机关 / 党组决定……

我们充分认识到，这项决议对于……

为确保……，特此决定……

表达决议的目的和背景时的常用句式如下。

考虑到目前的局势，为了……

鉴于过去的经验，为更好地……

根据党的方针政策，为了推动……

强调决策的重要性时的常用句式如下。

这一决定具有极其重要的战略意义。

此举对于人民的利益至关重要。

决心要在此事上付出最大的努力。

提出具体措施和目标时的常用句式如下。

我们决定采取以下措施……

我们制定了明确的时间表和实施计划。

力争实现……的目标，并取得显著成果。

强调党的领导地位时的常用句式如下。

党的领导是我们决策的指导思想。

我们坚信，只要有党的坚强领导，我们就能取得胜利。

提醒党员和干部职责时的常用句式如下。

各级党员和干部必须牢记党的使命，尽职尽责。

党员要积极践行党的理念，发挥先锋模范作用。

强调团结一致时的常用句式如下。

只要全党全军全民一心一意，就能战胜困难。

我们要加强团结，共同迎接挑战。

强调决议的庄重性时的常用句式如下。

这一决议标志着历史的转折点。

我们要全力以赴，决不退缩。

3.5.2　公司股东会决议中的常用句式及金句

公司股东会决议中的常用句式及金句有助于体现决策的明确性和正式性。以下是一些常用句式及金句。

强调决定的权威性和决心时的常用句式如下。

公司股东会一致决定……

鉴于目前的情况，公司股东会特此作出决议……

为了确保公司的持续发展，公司股东会决定……

表达决议的背景和目的时的常用句式如下。

考虑到公司的战略目标，为了……

鉴于公司的财务状况，为了更好地……

根据公司章程的规定，为了推动……

强调决策的重要性时的常用句式如下。

这一决定对公司的未来至关重要。

此项决议关系到公司的竞争力和可持续性。

公司股东会认识到这一决策的紧迫性。

提出具体措施和目标时的常用句式如下。

公司股东会决定采取以下措施……

公司股东会制定了详细的实施计划和时间表。

公司股东会立志实现……的目标，并取得卓越成就。

强调公司治理和股东权益时的常用句式如下。

公司股东会坚守公司治理的基本原则。

公司股东会将高度重视保护股东的合法权益。

公司股东会决心维护公司的透明度和合规性。

提醒股东职责和义务时的常用句式如下。

各位股东要积极履行股东职责，全面参与公司决策。

公司股东会鼓励股东行使权利，提供有益建议。

强调团结和合作时的常用句式如下。

只有公司股东共同团结，才能克服当前的困难。

我们要加强合作，共同为公司的成功努力。

强调决议的重要性时的常用句式如下。

这一决议将对公司的发展产生深远影响。

公司股东会号召各位股东坚决支持和执行这一决议。

扫一扫

决议范文及常用句式、金句

第 4 章

手把手教你用 AI 写决定

4.1 第一步，让 AI 了解决定的基本结构与格式

与上一章类似，在用 AI 工具帮助我们撰写决定初稿之前，我们需要先训练 AI 工具，让其了解决定的基本结构与格式。因此，我们以奖惩性决定为例，先找一篇符合通行的公文写作规范或者本单位公文写作要求的范文，按照以下方式向 AI 工具提问。

1. 初次提问

提示词如下。

以下是一篇奖惩性决定的范文。

关于表彰餐饮部××××年优秀员工的决定

××酒店〔××××〕××号

餐饮部是酒店的四大部门之一，其服务质量的好坏将直接影响酒店的经济效益和社会效益。为了提高餐饮部员工工作的积极性和创造性，使酒店的整体效益在××××年迈上新的台阶，提高餐饮部员工现有的薪酬水平，××酒店人事部在××××年的基础上，继续在餐饮部开展优秀员工评选活动，并提供更多的奖励和晋升机会。

经过由市旅游管理部门领导、酒店行业专家及酒店管理层组成的评委会的评审，现作出如下决定。

一、审定以下×人为餐饮部××××年优秀员工（名单略），并颁发荣

誉证书和奖金。

二、餐饮部员工×××在××××年度表现优异，破格提升其为餐饮部部长，以资鼓励。

××酒店人力资源部

××××年××月××日

请按照以上范文的格式和结构重写一篇奖惩性决定。

　　AI 工具输出的结果如下。

关于销售部门××××年度杰出业绩员工的表彰决定

××公司〔××××〕年××月××日

销售部门一直是××公司业绩的关键驱动力，其表现直接决定了公司的盈利和市场地位。为了激发销售团队的积极性并促进他们在××××年度取得更卓越的业绩，公司决定通过提供更多的奖励和晋升机会来表彰业绩杰出的销售人员。

经过仔细评估，公司管理层和销售部门领导团队一致认为以下员工在××××年度表现出色，为公司取得卓越业绩作出了杰出贡献。因此，公司作出如下奖励决定。

一、表彰以下×名销售部门员工为××××年度杰出业绩员工（名单略），并授予他们荣誉证书和丰厚的奖金作为对其出色表现的认可。

二、销售部门员工×××在××××年度展现出卓越的领导才能和销售能力，因此，公司决定提升他为销售部门的销售经理，以示鼓励。

××公司人力资源部

××××年××月××日

2. 再次提问

如前文所述，决定分为四类，即法规性决定、指挥性决定、奖惩性决定和变更性决定。其中，法规性决定和指挥性决定在党政机关用得比较多，奖惩性决定和变更性决定在企业用得比较多。下面我们再用一篇变更性决定来做一次训练。

提示词如下。

以下是变更性决定的一篇范文。

××××公司关于××店人事任命的决定

××××公司各部门：

为适应新形势下公司经营战略发展的需要，近期，公司对××店人员配置及运行体制进行了相应的调整。调整后，各单位编制体制运行正常，生产效益良好，员工工作积极性大幅提升，说明此次调整是有实际效果的。近日，由于工作需要，经公司运营中心、财务部讨论决定，现对××店管理职位进行调整。

任命××店店员××为××店店长，并按照公司相关规定享受店长的全部待遇并履行相关责任，财务部门将根据规定调整其工资。

让我们共同祝贺获得新任命的同事，同时祝愿她在新的工作岗位上取得更好的工作成绩。请相关的工作人员按时做好交接工作。

以上任命决定自××××年××月××日生效。

特此通告！

××××年××月××日

请严格按照以上范文的格式和结构重写一篇变更性决定。

AI 工具输出的结果如下。

××公司关于销售部门组织架构调整的决定

各位公司成员：

鉴于市场竞争的不断加剧及公司战略调整的需要，经过充分讨论和评估，公司决定对销售部门的组织架构进行调整，以更好地满足未来的业务需求。

经××公司总经理办公会审定，对于销售部门的组织架构作出如下重要调整。

一、任命销售部门销售经理张三为销售总监。张三将负责整个销售部门的战略规划和领导，协助制定销售策略，确保销售目标的实现，并承担相关责任。

二、任命销售部门销售代表李四为销售经理，直接向销售总监张三汇报。李四将协助张三管理销售团队，推动销售目标的达成，确保销售部门的高效运作。

此次组织架构调整旨在提高销售效率，更好地满足市场需求，并促进销售部门的长期发展。我们相信这些变更将有助于公司更好地实现战略目标。

此决定自××××年××月××日起生效。请销售部门员工在新的组织架构下继续发挥专业能力，积极配合新的领导层，确保销售业绩不断提升。

感谢大家的辛勤工作和合作。

××公司总经理办公会

××××年××月××日

法规性决定和指挥性决定在格式上与以上两类决定类似，但正文篇幅通常较长，而且与具体的法规和文件结合得比较紧密，在此就不再举例演示了。

4.2　第二步，为 AI 提供撰写决定的关键提示词

如前文所述，决定在形式结构上主要包括标题（可附加文件号）、主送机关（可省略）、正文、发文机关署名和成文日期。其中，正文又包括开头（发文缘由、依据、目的、意义）、主体（一般按条文罗列决定的事项）、结尾（提出要求、发出号召或说明有关事项）。

我们在向 AI 工具提问时，提示词也需要分为相应的几个部分，越具体越好。下面举例说明。

提示词如下。

我是 A 公司的行政人员，现在需要拟一篇关于 A 公司管理层的变更性决定。

请帮我拟好这篇决定的标题。

正文部分的开头介绍本次管理层变动的缘由和目的，比如，为了保持干部队伍年轻化，激励年轻人等，经董事会批准，作出如下任免决定。

分条目列出如下决定内容：甲因已到退休年龄，不再担任公司副总经理职务；原销售总监乙提升为公司副总经理；原北方区销售经理丙提升为公司销售总监。

结尾对新任命人员提出希望和要求。

落款是 A 公司。

时间是 ××××年 ××月 ××日。

AI 工具输出的结果如下。

标题：A 公司管理层变动决定

尊敬的 A 公司全体员工：

为了更好地适应市场竞争和公司战略的需要，经过董事会的充分讨论和审议，公司决定进行管理层的变动，以确保干部队伍年轻化，并激励年轻有为的人才，促进公司的可持续发展。

我们深知管理层的变动对公司发展至关重要，现作出以下决定。

一、甲因已到退休年龄，不再担任公司副总经理职务。感谢甲多年来的辛勤工作和对公司的贡献，祝愿甲享受愉快的退休生活。

二、原销售总监乙提升为公司副总经理。乙在过去的工作中表现出色，具备领导能力和经验，相信乙将继续在新岗位上取得卓越成绩，为公司发展作出更大贡献。

三、原北方区销售经理丙提升为公司销售总监。丙在销售领域表现突出，有潜力带领销售团队实现更好的业绩。我们期待着看到丙在新岗位上的成功表现。

对于新任命的乙和丙，我们寄予厚望。希望你们能够继续发挥领导才能，积极参与公司的决策和发展，与团队密切合作，共同推动公司不断发展壮大。

本次管理层变动决定自即日起生效。我们相信，在新领导层的带领下，A 公司将继续保持竞争优势，实现更大的成功。

谢谢大家的支持与理解。

A 公司

日期：××××年××月××日

4.3　第三步，根据 AI 输出的初稿优化提示词

　　上面输出的初稿，虽然语句比较通顺，内容也比较充实，但还存在两方面的问题：一是标题不是很规范；二是开头和结尾各用了两段，显得有些冗长。

　　针对这两方面的问题，我们可以对原有的提示词进行优化。

　　优化后的提示词如下。

> 我是 A 公司的行政人员，现在需要拟一篇关于 A 公司管理层的变更性决定。
> 标题为"关于 A 公司管理人员任免的决定"。
> 在正文部分的开头，用一段话简要介绍本次管理层变动的缘由和目的，比如，为了保持干部队伍年轻化，激励年轻人等，经董事会批准，作出如下任免决定。
> 分条目列出如下决定内容：甲因已到退休年龄，不再担任公司副总经理职务；原销售总监乙提升为公司副总经理；原北方区销售经理丙提升为公司销售总监。
> 结尾用一段话简要地对新任命人员提出希望和要求。
> 落款是 A 公司。
> 日期是×××× 年×× 月×× 日。

　　AI 工具输出的结果如下。

> 关于 A 公司管理人员任免的决定
> 尊敬的 A 公司全体员工：
> 为了更好地适应市场竞争和公司战略的需要，经董事会批准，我们进行

了管理层的变动，旨在保持干部队伍年轻化，激励年轻有为的人才，促进公司的可持续发展。

以下是本次管理层变动的具体决定。

一、甲因已到退休年龄，不再担任公司副总经理职务。我们衷心感谢甲多年来的辛勤工作和对公司的无私奉献，祝愿甲在退休后生活幸福安康。

二、原销售总监乙提升为公司副总经理。乙在过去的工作中表现出色，具备卓越的领导能力和经验。我们期待乙在新岗位上继续表现出色，并为公司的发展作出更大贡献。

三、原北方区销售经理丙提升为公司销售总监。丙在销售领域展现出杰出的才能，有潜力领导销售团队实现更卓越的业绩。我们期望着看到丙在新岗位上的成功表现。

对于新任命的乙和丙，我们寄予厚望。希望你们能够继续发挥领导才能，积极参与公司的决策和发展，与团队密切合作，共同推动公司不断发展壮大。

本次管理人员任免决定自×××× 年 ×× 月 ×× 日起生效。我们相信，在新领导层的带领下，A 公司将继续保持竞争优势，实现更大的成功。

谢谢大家的支持与理解。

A 公司

×××× 年 ×× 月 ×× 日

4.4　第四步，审查、调整初稿

经过提示词优化，AI 工具输出的决定初稿已经大致符合公文写作的基本要求，但我们还需要进一步完成内容修订和格式调整的工作。

改后的文稿如下。

关于 A 公司管理人员任免的决定

尊敬的 A 公司全体员工：

为了更好地适应市场竞争和公司战略的需要，经董事会批准，我们进行了管理层的变动，旨在保持干部队伍年轻化，激励年轻有为的人才不断涌现，促进公司的可持续发展。

以下是本次管理层变动的具体决定。

甲因已到退休年龄，不再担任公司副总经理职务。我们衷心感谢甲多年来的辛勤工作和对公司的无私奉献，祝愿甲在退休后生活幸福安康。

原销售总监乙升任公司副总经理。乙在过去的工作中表现出色，具备卓越的领导能力和经验。我们期待乙在新岗位上继续表现出色，并为公司的发展作出更大贡献。

原北方区销售经理丙升任公司销售总监。丙在销售领域展现了杰出的才能，有潜力领导销售团队实现更卓越的业绩。我们期望着看到丙在新岗位上的成功表现。

对于新任命的乙和丙，我们寄予厚望。希望他们能够继续发挥领导才能，积极参与公司的决策和发展，与团队密切合作，共同推动公司不断发展壮大。

以上管理层任免决定自××××年××月××日起生效。我们相信，在新领导层的带领下，A公司将继续保持竞争优势，获得更大的成功。

谢谢大家的支持与理解。

A 公司

××××年××月××日

— 2 —

4.5　决定中的常用句式及金句

4.5.1　法规性决定中的常用句式及金句

法规性决定中的常用句式及金句有助于确保文本表达清晰、权威，并具备法律效力。以下是一些常用句式及金句。

开头的常用句式如下。

鉴于……

为了确保……

根据法律规定……

依据国家法律……

鉴于公共利益……

陈述规定和禁止内容时的常用句式如下。

规定……

禁止……

必须遵守……

不得违反……

强调义务和责任时的常用句式如下。

所有相关方有责任……

承担以下法律责任……

有义务确保……

描述处罚和制裁时的常用句式如下。

违反者将受到……

根据法律规定……

违反者将面临……

依法追究刑事责任……

说明审批和批准时的常用句式如下。

根据相关规定，必须经过……

必须获得主管部门的批准……

只有经过批准，方可……

规定期限和截止日期时的常用句式如下。

必须在 × × 天内完成……

截止日期为……

必须在规定的期限内……

说明权利和权益保障时的常用句式如下。

保障公民的权利……

确保每个人的合法权益……

维护法律赋予的权利……

强调权威性时的常用句式如下。

本法规具有法律约束力。

依法行使职权……

违反本法规者将受到法律追究。

根据相关法律法规的规定……

本法规自公布之日起生效。

做上下文递进时的常用句式如下。

鉴于此，为了进一步强化……

为了确保上述规定的有效执行，特此决定……

强调重要性时的常用句式如下。

这项法规对社会、经济和环境具有重大影响，因此必须严格遵守。

各相关部门和个人必须以高度的责任感来执行本法规。

4.5.2　指挥性决定中的常用句式及金句

指挥性决定通常是具体的行动计划或命令，用于明确任务、责任和行动步骤。以下是一些常用句式及金句。

陈述任务内容时的常用句式如下。

请立即……

×××执行以下任务……

×××负责完成……

要求×××完成以下工作……

说明行动步骤和时间安排时的常用句式如下。

按照以下步骤行动……

在［期限］内完成……

第一步……第二步……依此类推。

立即采取措施……

说明责任分配和指定人员时的常用句式如下。

由×××负责……

请××部门负责……

指派×××为负责人……

×××应该……

强调紧急性时的常用句式如下。

鉴于紧急性，请立即行动。

时间紧迫，不得拖延。

务必迅速采取行动。

强调遵守规定时的常用句式如下。

所有相关方必须遵守公司政策。

请确保依法执行。

请遵循公司的标准操作程序。

表达对结果和效益的期望时的常用句式如下。

预计这一行动将带来……

我们期望在短期内看到明显的改善。

这一行动将有助于提高……

提出报告要求时的常用句式如下。

请定期向上级汇报进展情况。

所有报告必须在［日期］前提交。

需要即时更新，请随时与上级联系。

发出紧急通知或警告时的常用句式如下。

请注意，不执行此任务将产生严重后果。

对于不合规行为将采取严厉措施。

必须遵循此指令，否则后果自负。

说明行动要求时的常用句式如下。

在执行过程中，请确保遵守安全标准。

此决定的目的是提高效率和质量。

所有员工必须积极响应并全力以赴。

4.5.3 奖惩性决定中的常用句式及金句

奖惩性决定中的常用句式及金句有助于确保文本表达明确、有力，并能够有效传达奖励或处罚的目的。以下是一些常用句式及金句。

说明表现卓越时的常用句式如下。

特此表彰……

鉴于 ××× 的杰出表现，我们向其颁发奖励……

感谢以下员工在 ×× 方面的杰出贡献。

说明奖金和福利时的常用句式如下。

我们将发放奖金 / 福利，以示表彰。

您将获得 ×××× 元的奖金。

奖励包括……，以示我们的感激。

对未来表现提出期望时的常用句式如下。

我们期望您继续保持卓越的工作表现。

希望您将继续为公司作出杰出的贡献。

这个奖励是对您努力的鼓励。

表达感谢和鼓励时的常用句式如下。

感谢您的辛勤工作和无私奉献的精神。

您的付出给公司带来了显著的价值。

请继续为我们树立榜样，鼓励团队其他成员。

处罚不当行为时的常用句式如下。

根据公司政策，我们不得不采取以下处罚措施。

鉴于 [不当行为]，我们将执行以下措施。

对于违反公司规定的行为，我们将采取以下措施。

说明处罚和影响时的常用句式如下。

违反公司规定将导致以下后果……

这一决定将影响您的职业生涯和地位。

处罚包括……，这将对您的工作产生直接影响。

强调遵守公司政策时的常用句式如下。

请确保今后严格遵守公司政策和规定。

违反公司政策的行为不会被容忍。

公司期望所有员工维护公司声誉和道德准则。

强调违规后果时的常用句式如下。

请理解，再次违反规定将导致更严重的后果。

任何进一步的不当行为都将受到更严厉的制裁。

我们希望您能从这一经历中吸取教训，避免再次犯错。

4.5.4　变动性决定中的常用句式及金句

变动性决定通常用于宣示组织内部的管理变更，包括人事任命、组织架构调整等。以下是一些常用句式及金句。

介绍变动缘由和目的时的常用句式如下。

为了适应新的市场需求……

考虑到公司战略调整……

为了提高工作效率……

强调决定的必要性和重要性时的常用句式如下。

这一变动是为了确保公司的可持续发展。

我们相信这一调整将有助于提高工作效率和质量。

这一决策符合公司的长期目标和愿景。

说明具体的人事任命和调整时的常用句式如下。

公司决定任命 ××× 为……

公司决定将 ××× 调整为……

以上任命填补了 ×× 职位的空缺。

说明具体的组织架构调整时的常用句式如下。

公司重新安排了部门的职能和结构……

公司成立了新的团队 / 部门，负责……

公司取消了 ×× 职位，将其职责合并至……

提出对新任命人员的期望时的常用句式如下。

我们期望 ××× 在新职位上继续表现出色。

希望新的团队能够紧密合作，实现共同目标。

相信这一变动将有助于提升公司的竞争力。

表示希望得到员工的合作和支持时的常用句式如下。

我们需要大家的积极合作，以顺利完成这一变动。

请各位员工理解并支持这一决定，共同努力推动公司前进。

您的支持至关重要。

说明生效时间时的常用句式如下。

这一变动将于［日期］起生效。

请注意，×××将从［日期］开始正式履行职务。

结语的常用句式如下。

此决定由公司管理层作出。

感谢大家的理解和合作。

我们期待着公司在新的组织架构下取得更大的成功。

扫一扫

决定范文及常用句式、金句

第 5 章

手把手教你
用 AI 写命令（令）

5.1　第一步，让 AI 了解命令（令）的基本结构与格式

在用 AI 工具帮助我们撰写命令（令）初稿之前，我们需要先训练 AI 工具，让其了解命令（令）的基本结构与格式。

如前文所述，命令（令）的种类比较多，党政机关、企事业单位中常用的有四种，即发布令、行政令、嘉奖令和任免令。我们以发布令为例，先找一篇符合通行的公文写作规范或者本单位公文写作要求的范文，按照以下方式向 AI 工具提问。

1. 初次提问

提示词如下。

以下是发布令的一篇范文。

××××令

（编号）

《××××常务委员会关于××××的决定》已由××××会议于××××年××月××日通过，现予公布，自公布之日施行。

（发文机关或发文者签名）

××××年××月××日

请按照以上范文的格式和结构重写一篇发布令。

AI 工具输出的结果如下。

发布令

（令号）

《关于××××的决定》已由××××会议于××××年××月××日通过，现予公布，自公布之日施行。

（发文机关或发文者签名）

××××年××月××日

2. 再次提问

下面我们再用一篇嘉奖令来做一次训练。

提示词如下。

以下是嘉奖令的一篇范文。

A 公司对甲、乙、丙三位同志的嘉奖令

公司各部门：

××××年××月××日是公司举办开业庆典的重要日子，总经办的甲同志、财务部的乙同志、宣传部的丙同志在筹备庆典过程中作出了积极表率……

鉴于此，公司决定：给予甲、乙、丙三位同志通报表扬一次，并分别发放 2000 元现金，以资鼓励。希望三位员工在今后的工作中戒骄戒躁，继续努力。同时，希望公司的其他员工向这三位同志学习，共同进步。

A 公司

××××年××月××日

请严格按照以上范文的格式和结构重写一篇嘉奖令。

AI 工具输出的结果如下。

A 公司对甲、乙、丙三位同志的嘉奖令

公司全体员工：

××××年××月××日是本公司举办庆典的重要日子。在庆典活动中，甲同志、乙同志、丙同志表现出色，为公司树立了榜样，取得了显著的成绩。

公司经过充分考虑，决定予以嘉奖：通报表扬甲、乙、丙三位同志的积极表现，并发放 2000 元现金奖励，以示认可和鼓励。同时，期望他们在今后的工作中继续保持拼搏进取的精神，为公司的发展贡献更多的力量。

公司呼吁其他员工向甲、乙、丙三位同志学习，共同努力，为公司的更大成功共同努力奋斗。

A 公司

××××年××月××日

行政令主要用于宣布重大的行政性措施的施行，一般读者接触得比较少；而任免令的结构和格式与发布令和嘉奖令类似，在此就不再举例演示了。

5.2　第二步，为 AI 提供撰写命令（令）的关键提示词

如前文所述，命令（令）在形式结构上主要包括标题（发文机关、事由、文种）、令号（嘉奖令等类型中有时可省略）、主送机关（在标题和落款中体现得比较明显时可省略）、正文、发文机关或命令签署人署名（职务加姓名）和成文日期。

我们在向 AI 工具提问时，提示词也需要分为相应的几个部分，越具体越好。下面举例说明。

提示词如下。

我是 A 省政府的工作人员，需要拟一篇 B 县甲同志的嘉奖令。

请帮我拟好这篇嘉奖令的标题，包括发文机关、事由和文种。

主送机关为"各市、县人民政府"。

正文部分需要写明甲同志在 ×××× 年 ×× 月 ×× 日的抗洪抢险过程中不顾个人安危，奋力抢救出了十几名受灾群众。因此，决定授予甲同志嘉奖奖章和证书，由 B 县召开大会颁发奖章和证书，并号召党员和群众共同学习甲同志的精神。

落款的发文机关是 A 省政府。

成文时间是 ×××× 年 ×× 月 ×× 日。

AI 工具输出的结果如下。

标题：A 省政府关于嘉奖 B 县甲同志的通知

发文机关：A 省政府

文种：通知

各市、县人民政府：

甲同志是我省党员干部中的杰出代表，他在 ×××× 年 ×× 月 ×× 日的抗洪抢险过程中表现出了非凡的英勇和担当。面对洪灾肆虐，甲同志毫不犹豫地投入危险的抢险工作中，不顾个人安危，英勇地抢救出了十几名受灾群众，将他们从洪水中解救出来，保护了他们的生命安全。

甲同志的卓越表现不仅是对党员的高度忠诚和担当，也是对党的事业的无私奉献的生动体现。他的英勇行为给 B 县的抗洪抢险工作树立了榜样，为我省的防灾救灾工作作出了突出贡献。

鉴于甲同志在抗洪抢险中的卓越表现，省政府决定授予甲同志嘉奖奖章和证书，以表彰他的英勇行为和杰出贡献。奖章和证书将由 B 县政府在即将召开的大会上颁发，以示对甲同志的高度尊重和嘉奖。

同时，我们号召其他党员和全体群众向甲同志学习，共同弘扬抗洪抢险精神，积极投身到灾害救援工作中，为保卫人民生命财产安全、为国家的安宁和繁荣不懈努力。

A 省政府

××××年××月××日

5.3　第三步，根据 AI 输出的初稿优化提示词

上面输出的初稿，虽然内容比较充实，但格式不太符合规范，重点内容也不是很突出。为了弥补这些缺陷，我们可以对原有的提示词进行优化。

优化后的提示词如下。

我是 A 省人民政府的工作人员，现在需要拟一篇 B 县甲同志的嘉奖令。

标题为"嘉奖令"。

标题下方写明主送机关"各市、县人民政府"。

正文部分第一段写明甲同志在××××年××月××日的抗洪抢险过程中不顾个人安危，奋力抢救出了十几名受灾群众。

然后，分条目列出嘉奖事项：第一，决定授予甲同志嘉奖奖章和证书；第二，由 B 县召开大会颁发奖章和证书，并号召党员和群众学习甲同志的精神。

落款的发文机关是 A 省政府。

成文时间是××××年××月××日。

AI 工具输出的结果如下。

嘉奖令

各市、县人民政府：

甲同志是我省党员的杰出榜样，×××× 年 ×× 月 ×× 日，在 B 县抗洪抢险的关键时刻，甲同志不顾个人安危，毅然投身到抢险救援工作中。他英勇无畏，坚韧不拔，成功抢救出十几名受灾群众，保护了他们的生命安全。

为表彰甲同志的贡献，A 省人民政府决定：

一、授予甲同志嘉奖奖章和证书，以表彰他在抗洪抢险中的英勇表现和卓越贡献；

二、授权 B 县政府召开庄重的大会，向甲同志颁发嘉奖奖章和证书，以示对甲同志的嘉奖；

三、呼吁全省党员和广大群众向甲同志学习，共同弘扬他的高尚精神和崇高事迹，为保卫人民的生命安全和财产安宁、推动我省的繁荣和安定贡献更多的力量。

A 省人民政府

××× 年 ×× 月 ×× 日

5.4 第四步，审查、调整初稿

经过提示词优化，AI 工具输出的决定初稿已经大致符合公文写作的基本要求，但我们还需要进一步完成内容修订和格式调整的工作。

改后的文稿如下。

A省人民政府文件

×政〔××××〕××号

嘉　奖　令

各市、县人民政府：

甲同志是我省党员的杰出榜样，××××年××月××日，在B县抗洪抢险的关键时刻，甲同志不顾个人安危，毅然投身到抢险救援工作中。他英勇无畏，坚韧不拔，成功抢救出十几名受灾群众，保护了他们的生命安全。为表彰甲同志为人民群众尽职尽责的精神，A省人民政府作出以下决定。

一、授予甲同志嘉奖奖章和证书，以表彰他在抗洪抢险中的英勇表现和卓越贡献。

二、B县政府召开大会，向甲同志颁发嘉奖奖章和证书。

三、呼吁全省党员和广大群众向甲同志学习，共同弘扬他的精神，为保卫人民的生命安全和财产安宁、促进我省的繁荣和安定贡献更多的力量。

×××××年××月××日

抄送：××××××，××××××，××××××××，××××
×××××。

××××××××××　　　　　　××××年××月××日印发

5.5 命令（令）中的常用句式及金句

5.5.1 发布令中的常用句式及金句

发布令通常使用正式、简洁、明了的语言。以下是一些常用句式及金句。

开头的常用句式如下。

根据［部门］的决定，特发布如下命令……

引言的常用句式如下。

鉴于×××，为维护×××，特发布此令。

考虑到×××，为确保×××，现特发布以下命令。

出于对×××的重视，特制定此令。

表述具体规定时的常用句式如下。

根据×××，［部门］决定如下……。

为保障×××权益，特发布以下规定……

表示强调时的常用句式如下。

各相关部门、单位应严格遵守本令，切实履行各自职责。

对于不遵守本发布令的行为，将依法追究相关责任。

本令自××××年××月××日起生效。

结尾的常用句式如下。

请各相关部门、单位务必严格执行，确保规定落实到位。

［部门］将监督执行情况，并随时作出调整，确保命令的有效实施。

感谢各位领导和广大群众的支持与配合，共同致力于×××的顺利进行。

金句示例如下。

坚守初心，砥砺前行，铸就更加美好的明天。

在新的起点上，我们将秉承×××精神，全力以赴，共创辉煌！

坚定信心，锐意进取，我们必将迎来更大的胜利！

让我们携手并进，共同为 ××× 的繁荣发展而努力拼搏！

5.5.2　行政令中的常用句式及金句

行政令是一种具有行政效力的文件，通常使用正式、明确的语言。以下是一些常用句式及金句。

开头的常用句式如下。

依据相关法律法规，［部门］特发布以下命令……

基于 ××× 原因，［机关］发令如下……

引言的常用句式如下。

鉴于 ×××，为维护 ××× 的权益，特发布此令。

出于对 ××× 的重视，特制定此令。

考虑到 ×××，为确保 ××× 的实现，现特发布此令。

结尾的常用句式如下。

请各相关部门、单位务必严格执行，确保规定得到切实贯彻。

［部门］将持续监督执行情况，并随时作出调整，以确保命令的有效实施。

感谢大家的支持与配合，共同为 ××× 的良好运转而努力。

金句示例如下。

发布此令，是为了更好地落实相关法律法规。

此令的执行，需要各级政府和广大公民共同努力。

让我们共同努力，为国家的繁荣和法治建设作出更多的贡献！

5.5.3　嘉奖令中的常用句式及金句

嘉奖令通常用于表彰个人或团体在某项工作或活动中的杰出表现。以下是一些常用句式及金句。

开头的常用句式如下。

为表彰×××在×××方面的杰出贡献，特发布此令。

鉴于×××的杰出表现，特予以嘉奖。

引言的常用句式如下。

×××在×××方面表现出色，为我们树立了榜样。

×××的卓越贡献在×××中具有重要意义。

说明嘉奖事项时的常用句式如下。

×××决定授予×××奖章和证书，以示表彰。

我们为×××的杰出成就感到自豪，特授予其荣誉称号。

×××的贡献将长存于我们的记忆。

鼓励他人学习被嘉奖者时的常用句式如下。

此嘉奖是对×××杰出表现的嘉许，同时也是对全体员工的鼓励。

我们鼓励其他人向×××学习，共同追求卓越。

×××的杰出事迹激励着我们为更美好的未来而努力。

结尾的常用句式如下。

让我们共同庆祝×××的成就，并以其为榜样。

愿×××的光辉事迹永远激励着我们为更大的目标而努力奋斗。

嘉奖不仅是对×××的肯定，也是对其他人的激励。

金句示例如下。

杰出者的光辉，点亮了前行的道路。

嘉奖是对过去的认可，也是对未来的期许。

共同努力，为更美好的明天而奋斗。

5.5.4 任免令中的常用句式及金句

任免令通常用于宣布某人被任命某职务或解除某职务。以下是一些常用句式及金句。

开头的常用句式如下。

根据 ××××，［机关］决定如下……

为了更好地组织工作，特发布以下任免令……

引言的常用句式如下。

鉴于 ××× 的表现，现决定任命其担任［职务］。

出于对 ××× 工作的考量，现宣布如下任免……

××× 在过去的工作中表现出色，为……树立了榜样。

说明具体任免事项时的常用句式如下。

现决定任命 ××× 担任［职务］，职责包括……

根据工作需要，决定免除 ××× 的职务。

××× 将继续担任其现有职务，负责 ×××× 工作。

表示强调时的常用句式如下。

任免令自 ×××× 年 ×× 月 ×× 日起生效。

新职务需要 ××× 承担更多的责任，期待其继续表现出色。

希望 ××× 在新职位上继续发挥优势，为……的发展作出更大的贡献。

结尾的常用句式如下。

发布此令是为了更好地服务［机关 / 部门］和社会大众，希望大家都能够积极响应。

最后，祝愿 ××× 在新的岗位上取得更大的成功。

金句示例如下。

每一次任免都是前进的一步，是职业生涯的新篇章。

责任重大，使命光荣。

这一任免不仅是对 ××× 的认可，也是对其在未来工作中的期许。

扫一扫

命令（令）范文及常用句式、金句

第 6 章

手把手教你用 AI 写公报

6.1 第一步，让 AI 了解公报的基本结构与格式

如前文所述，公报的发布机关一般级别很高，内容也都是党内外、国内外的重大事件。按内容的不同，公报可以分为刊物公报、会议公报、统计公报和联合公报。下面我们以统计公报为例，按照以下方式向 AI 工具提问，让其了解公报的基本结构与格式。

提示词如下。

以下是统计公报的一篇范文，包括标题、成文时间和正文第一段及各级标题。

××××年全国教育事业发展统计公报

××××-××-××

××××年是党和国家历史上极为重要的一年。党的××大将教育作为全面建设社会主义现代化国家的基础性、战略性支撑进行系统谋划，极具战略意义和深远影响。面对内外部环境的深刻变化，教育系统在党中央、国务院坚强领导下，坚持以××××思想为指导，深入学习贯彻党的××大精神，积极推动教育事业取得新进步、各项工作有了新成效、教育面貌发生新变化，奋力走好教育强国建设的历史新征程，为全面建设社会主义现代化国家、全面推进中华民族伟大复兴作出教育新的贡献。

一、综合

（略）

二、学前教育

（略）

三、义务教育

（略）

四、特殊教育

（略）

五、高中阶段教育

（略）

六、高等教育

（略）

七、民办教育

（略）

请严格按照以上范文的格式和结构重写一篇统计公报，包括标题、成文时间、正文第一段，以及之后的一级标题。其他正文内容可省略。

AI 工具输出的结果如下。

××××年全国卫生健康发展统计公报

××××-××-××

××××年是卫生健康领域发展的重要一年。党的××大明确了全面建设社会主义现代化国家的目标，卫生健康事业在其中扮演着至关重要的角色。在党中央、国务院的坚强领导下，我国卫生健康事业坚持以××××思想为指导，深入学习贯彻党的××大精神，积极推动卫生健康事业取得新进步，各项工作有了新成效，为全面建设社会主义现代化国家、全面推进中华民族伟大复兴作出了新的贡献。

一、综合发展

（略）

二、基层卫生健康

（略）

三、医疗卫生服务

（略）

四、公共卫生管理

（略）

五、中医药事业

（略）

六、药品监管

（略）

七、卫生健康人才队伍建设

（略）

八、卫生健康国际合作

（略）

请注意，这里只提供了标题、成文时间、正文第一段和一级标题，其他正文内容应根据实际情况填写。

刊物公报是一种正式的出版物，体例规范遵循出版物的标准；会议公报和联合公报一般都与党和国家的重大会议相关，而且由专门的机构起草和发布，大多数人接触得比较少，在此就不再举例演示了。

6.2　第二步，为 AI 提供撰写公报的关键提示词

如前文所述，公报在形式结构上主要包括标题、成文时间、正文（一般比较长，而且与会议内容或统计内容相关，所以此处只演示如何撰写正文的第一段，即引言，以及其他部分的一级标题），以及签署（只有联合公报需

要，其他类型的公报不需要）。

我们在向 AI 工具提问时，提示词也需要分为相应的几个部分，越具体越好。下面举例说明。

提示词如下。

> 我是工业和信息化部的工作人员，现在需要根据行业统计数据拟一篇通信行业的统计公报。
> 标题是"××××年通信行业统计公报"。
> 发布时间是××××年××月××日。
> 请帮我拟好公报正文的第一段和后续的一级标题。

AI 工具输出的结果如下。

> ××××年通信行业统计公报
> 发布时间：××××年××月××日
> 尊敬的各位领导、各界朋友：
> ××××年是通信行业发展的关键一年。在党中央、国务院的坚强领导下，我国通信行业紧密围绕信息化战略目标，深入推进网络强国建设，坚定不移走自主创新之路，推动 5G、工业互联网、数字经济等领域取得重大突破，为全面建设社会主义现代化国家、推动经济高质量发展、实现中华民族伟大复兴提供了有力支撑。
> 一、全面发展和主要经济指标
> （略）
> 二、5G 网络建设
> （略）
> 三、工业互联网和数字经济
> （略）

四、信息安全与数据管理

（略）

五、国际合作与交流

（略）

请注意，这里提供了公报的标题、发布时间、正文第一段及后续的一级标题，具体的统计数据和内容需要根据通信行业的实际情况填写。

6.3　第三步，根据 AI 输出的初稿优化提示词

上面输出的初稿，虽然结构比较清晰，但由于 AI 工具的训练数据仅包含 2021 年及以前的数据，因此 AI 工具输出的内容不包含 2022 年发生的重大事件，我们需要进一步优化调整。在一级标题中，我们也可以加入一些想要重点表述的内容。

优化后的提示词如下。

我是工业和信息化部的工作人员，现在需要根据行业统计数据拟一篇通信行业的统计公报。

标题是"××××年通信行业统计公报"。

发布时间是××××年××月××日。

请帮我拟好公报正文的第一段和后续的一级标题。第一段引文应包含"贯彻党的××大精神"的内容。正文的一级标题应包括有关行业整体运行状态、用户规模变化、网络基础设施建设等方面的内容。

AI 工具输出的结果如下。

××××年通信行业统计公报

××××年××月××日

通信行业作为信息化建设的重要组成部分，在党的××大精神的指引下，××××年取得了显著的成就，为我国数字经济的崛起和社会发展的现代化提供了强大支持。以下是通信行业××××年的统计公报。

一、通信行业整体运行状态

（略）

二、用户规模变化与服务质量提升

（略）

三、网络基础设施建设与技术创新

（略）

四、信息安全与数据管理

（略）

五、国际合作与交流

（略）

这份公报详细介绍通信行业在××××年的整体发展状况及各方面的具体数据和成就，旨在全面反映通信行业在新时代背景下的发展情况，为未来发展提供参考和指导。

6.4　第四步，审查、调整初稿

经过提示词优化，AI 工具输出的决定初稿已经大致符合公文写作的基本要求，但我们还需要进一步完成内容修订和格式调整的工作。

改后的文稿如下。

××××年通信行业统计公报

××××年××月××日

通信行业作为信息化建设的重要力量，在党的××大精神的指引下，着力深化数字经济与实体经济融合，5G、千兆光网等新型信息基础设施建设取得新进展，各项应用普及全面加速，××××年取得了显著的成就，为我国数字经济的崛起和社会的现代化发展提供了强大支持。

一、通信行业整体运行状态

（略）

二、用户规模变化与服务质量提升

（略）

三、网络基础设施建设与技术创新

（略）

四、信息安全与数据管理

（略）

五、国际合作与交流

（略）

6.5　公报中的常用句式及金句

6.5.1　统计公报中的常用句式及金句

撰写统计公报时，我们可以使用一些常用句式及金句来增强其表达效果，使其更具吸引力和说服力。以下是一些常用句式及金句。

总起句的常用句式如下。

本公报旨在全面分析和总结……

根据最新的统计数据，我们可以得出以下结论……

说明具体的统计数据和指标时的常用句式如下。

数据显示，×××行业在去年取得了显著的增长。

根据最新统计，×××的数量已经达到了×××。

对比不同时间段或不同地区数据时的常用句式如下。

与去年相比，今年的增长率提高了××个百分点。

不同地区之间存在明显的差异，×××地区的表现尤为出色。

解释数据背后的原因或趋势时的常用句式如下。

这一增长趋势主要受到了×××因素的影响。

数据显示出明显的季节性波动，这与×××因素有关。

强调某项数据或指标的重要性时的常用句式如下。

这一数据表明，×××领域的发展对整个经济的稳定起到了关键作用。

这一指标不仅反映了×××的健康状况，还对社会稳定和可持续发展产生了深远影响。

金句示例如下。

数据是明智决策的基石，是实现目标的重要工具。

统计数据是未来规划的参考，是改进政策的指南。

让数据引导我们，为更美好的明天而努力。

每一项数据都代表着我们的进步，每一项指标都铭刻着我们的努力。

在数据中看到挑战，从数据中找到机会，这是成功的关键。

6.5.2　会议公报中的常用句式及金句

撰写会议公报时，我们可以使用一些常用句式及金句来增强其表达效果，使其更具吸引力和说服力。以下是一些常用句式及金句。

介绍会议目的和背景时的常用句式如下。

本次会议旨在……

根据×××的部署，我们召开了本次会议。

介绍会议议程和日程安排时的常用句式如下。

会议分为几个主要议程环节，包括……

在两天的会议中，我们将重点讨论以下议题……

介绍主要发言人及其演讲内容时的常用句式如下。

会议邀请了一些业内专家，他们将就×××问题发表看法。

各位代表将分别就各自领域的进展和挑战发表讲话。

说明讨论和建议内容时的常用句式如下。

与会代表就×××问题进行了热烈的讨论，提出了许多有价值的建议。

各位与会者积极提出了解决方案，为下一步工作提供了重要参考。

说明会议成果和重要决定时的常用句式如下。

经过充分讨论和协商，我们达成了以下共识……

会议取得了成功，各项决定将在未来得到有效实施。

金句示例如下。

会议是汇聚智慧的平台，是凝聚共识的桥梁。

在这个会议上，我们集思广益，为未来的发展指明了方向。

会议不仅是交流和合作的机会，也是激发创新和推动进步的引擎。

每一位与会者都是会议成功的推动者，是共同成就的见证者。

让我们共同努力，把会议的成果转化为实际行动，为实现共同的目标而不懈奋斗。

扫一扫

公报范文及常用句式、金句

第 7 章

手把手教你用 AI 写公告

7.1　第一步，让 AI 了解公告的基本结构与格式

如前文所述，公告的适用范围比较广泛，主要分为四类，即要事性公告、政策性公告、任免性公告和法定性公告。下面我们以政策性公告为例，按照以下方式向 AI 工具提问，让其了解公告的基本结构与格式。

1. 初次提问

提示词如下。

以下是政策性公告的一篇范文，包括标题、发文字号和正文。

关于增值税小规模纳税人减免增值税政策的公告

财政部 税务总局公告 ×××× 年第 ×× 号

为进一步支持小微企业和个体工商户发展，现将延续小规模纳税人增值税减免政策公告如下。

一、对月销售额 10 万元以下（含本数）的增值税小规模纳税人，免征增值税。

二、增值税小规模纳税人适用 3% 征收率的应税销售收入，减按 1% 征收率征收增值税；适用 3% 预征率的预缴增值税项目，减按 1% 预征率预缴增值税。

三、本公告执行至 ×××× 年 ×× 月 ×× 日。

特此公告。

财政部 税务总局

××××年××月××日

请严格按照以上范文的格式和结构重写一篇政策性公告。

AI 工具输出的结果如下。

关于公司员工福利政策的公告

××××公司公告××××年第××号

为提高员工福利待遇，改善工作生活平衡，现将员工福利调整政策公告如下。

一、公司将增加员工的年度假期。从××××年××月××日起，全体员工的年假将调整为××天。

二、公司将为员工提供更全面的健康保险计划，覆盖范围将扩大至包括家庭成员。

三、鉴于员工的忠诚和辛勤工作，公司将推出新的员工奖励计划，以表彰杰出的员工并提供额外福利。

四、我们将继续关注员工的反馈和需求，积极改进福利政策，以确保员工的工作环境更加舒适。

五、如有任何疑问或需要进一步了解福利政策的具体细节，请随时联系人力资源部门。

特此公告。

××××公司

××××年××月××日

2. 再次提问

下面我们以要事性公告为例，继续训练 AI 工具。

提示词如下。

以下是要事性公告的一篇范文，包括标题、发文字号和正文。

××××局关于发布《××××标签管理规定》的公告

（××××年第××号）

为进一步规范中药饮片标签的管理，根据《中华人民共和国药品管理法》《中华人民共和国药品管理法实施条例》《药品说明书和标签管理规定》等法律、行政法规和规章，国家药监局组织制定了《××××标签管理规定》，现予发布，自××××年××月××日起施行，其中，保质期的标注自××××年××月××日起施行。

特此公告。

附件：××××标签管理规定

××××局

××××年××月××日

请严格按照以上范文的格式和结构重写一篇要事性公告。

AI 工具输出的结果如下。

关于公司重要合作伙伴调整的公告

×××公司公告××××年第××号

为更好地提供服务，维护合作伙伴的权益，我公司决定进行重要合作伙伴的调整，具体如下。

一、××××公司与合作伙伴公司签订战略合作协议，共同探索市场机会，提升合作效率。

二、在此次合作伙伴调整中，××××公司将调整某些业务合作的内容，以更好地满足客户需求。

三、我们将继续保持与现有合作伙伴的密切合作关系，确保服务水平不受影响，维护客户的权益。

四、如有任何疑问或需要进一步了解合作细节，请随时联系我们的客户服务团队。

特此公告。

××××公司

××××年××月××日

任免性公告的格式与以上两类公告一致，在此就不再举例演示了。法规性公告一般均由专门的国家机关发布，大部分人平时接触得比较少，在此也不再赘述了。

7.2 第二步，为 AI 提供撰写公告的关键提示词

如前文所述，公告在形式结构上主要包括标题、发文字号、正文、发文机关署名和成文日期。其中，正文又包括公告事由、公告事项和结语。

我们在向 AI 工具提问时，提示词也需要分为相应的几个部分，越具体越好。下面举例说明。

提示词如下。

请帮我写一篇要事性公告。

标题是"××××局关于发布《××××标签管理规定》的公告"。

发文字号是"××××年第××号"。

正文需要包括这些内容：根据《中华人民共和国药品管理法》《中华人民共和国药品管理法实施条例》《药品说明书和标签管理规定》等法律、行政法规和规章，××××局组织制定了《××××标签管理规定》。实

施时间是×××× 年×× 月×× 日。保质期标注规定自×××× 年××月×× 日起施行。公告还要列出附件"××××标签管理规定"，附件内容可以省略。

落款是×××× 局，×××× 年×× 月×× 日。

AI 工具输出的结果如下。

×××× 局关于发布《××××标签管理规定》的公告

发文字号：×××× 年第×× 号

根据《中华人民共和国药品管理法》《中华人民共和国药品管理法实施条例》《药品说明书和标签管理规定》等法律、行政法规和规章的相关要求，×××× 局组织制定了《××××标签管理规定》。

一、规定内容

《××××标签管理规定》旨在规范×××× 标签的管理，确保标签内容真实、准确、完整，反映×××× 的质量、性状、用法用量、适应症、注意事项、生产企业等信息，防止虚假、夸大、误导等不当行为。

二、实施时间

本规定自×××× 年×× 月×× 日起正式实施。×××× 的保质期标注规定将于×××× 年×× 月×× 日起开始执行。

×××× 局特此发布公告，提醒各级药品监督管理部门、×××× 生产企业、销售单位及相关从业人员，按照《××××标签管理规定》的要求积极配合并切实履行监督管理职责，确保×××× 标签的合规性和信息准确性。对于不符合规定的情况，×××× 局将依法采取必要的监管措施，以维护药品安全和市场秩序。

附件：××××标签管理规定

特此公告。

> ××××局
>
> 日期：××××年××月××日

7.3 第三步，根据 AI 输出的初稿优化提示词

上面输出的初稿，虽然内容比较充实，但格式还不是很规范，有一些冗余词，段落也有些多，不够简洁精炼。

优化后的提示词如下。

> 请帮我写一篇要事性公告。
>
> 标题是"××××局关于发布《××××标签管理规定》的公告"。
>
> 标题下面另起一行写明发文字号"××××年第××号"。
>
> 正文请用一段来表述这些内容：《××××标签管理规定》是为了规范××××标签管理，根据《中华人民共和国药品管理法》《中华人民共和国药品管理法实施条例》《药品说明书和标签管理规定》等法律、行政法规和规章，由××××局制定的。实施时间是××××年××月××日。保质期标注规定自××××年××月××日起生效。特此公告。
>
> 公告还要列出附件"××××标签管理规定"，附件内容可以省略。
>
> 落款是××××局，××××年××月××日。

AI 工具输出的结果如下。

> ××××局关于发布《××××标签管理规定》的公告
>
> ××××年第××号

《××××标签管理规定》旨在规范××××标签管理，根据《中华人民共和国药品管理法》《中华人民共和国药品管理法实施条例》《药品说明书和标签管理规定》等法律、行政法规和规章，由××××局制定。

该规定将于××××年××月××日起正式实施。保质期标注规定将于××××年××月××日起生效。

特此公告。

附件：××××标签管理规定

××××局

××××年××月××日

7.4 第四步，审查、调整初稿

经过提示词优化，AI 工具输出的决定初稿已经大致符合公文写作的基本要求，但我们还需要进一步完成内容修订和格式调整的工作。

改后的文稿如下。

××××局关于发布《××××标签管理规定》的公告

（××××年第××号）

为规范××××标签管理，根据《中华人民共和国药品管理法》《中华人民共和国药品管理法实施条例》《药品说明书和签管理规定》等法律、行政法规和规章，××××局制定了《××××标签管理规定》。

该规定自××××年××月××日起施行。保质期标注规定自××××年××月××起施行。

特此公告。

××××局

××××年××月××日

7.5　公告中的常用句式及金句

7.5.1　要事性公告中的常用句式及金句

要事性公告通常需要简明扼要地传达重要信息，以确保内容易于理解。以下是一些常用句式及金句。

标题的常用句式如下。

关于……

就……发布公告

针对……

宣布重要决定时的常用句式如下。

我们很高兴地宣布……

经过深思熟虑，我们决定……

在仔细考虑后，我们已经决定……

经过广泛的咨询和讨论，我们作出了以下决定……

说明日期和实施时间时的常用句式如下。

该决定将于［日期］生效。

从［日期］起，将开始实施……

我们将于［日期］正式启动……

请注意，自［日期］起将会有如下变更……

强调目的和原因时的常用句式如下。

此举旨在……

我们之所以这样做，是为了……

我们的目标是……

我们作出这一决定的核心原因是……

表达感谢和期望时的常用句式如下。

感谢大家的支持和合作。

我们期待着您的积极反馈。

希望这一决定对实现我们的共同目标有所帮助。

感谢您的理解和合作。

提示查看附件或详细信息时的常用句式如下。

附件包含了更多的详细信息。

请查看附件以获取更多信息。

附录提供了更详细的解释。

结束语的常用句式如下。

我们期待着更加成功的未来。

我们深信这一决定将有助于实现我们的共同目标。

如有任何疑问或需要帮助，请随时与我们联系。

金句示例如下。

这一决定标志着我们的新起点。

我们的目标是确保安全和持续的发展。

在这个重要时刻，我们需要您的支持和合作。

我们相信，这个决定将带来积极的改变。

7.5.2　政策性公告中的常用句式及金句

政策性公告通常需要清晰、正式地传达政府或机构的政策决定，以便公众和相关方了解政策变化。以下是一些常用句式及金句。

标题的常用句式如下。

就……发布政策

有关……

针对……

引言的常用句式如下。

我们宣布……

经过慎重考虑，我们决定……

为了……，我们制定了以下政策……

作为［机构］的一项重大政策，我们宣布……

说明政策目的和意义时的常用句式如下。

这项政策的目的是……

这项政策旨在解决……

我们相信这项政策对于……

这项政策的核心目标是……

说明政策内容时的常用句式如下。

这项政策的主要内容包括……

我们将采取以下措施……

根据这项政策，我们将……

具体政策条款如下……

说明实施时间时的常用句式如下。

这项政策将于［日期］起生效。

自［日期］起，我们将开始执行这项政策。

请注意，自［日期］起，这项政策将开始实施。

说明政策影响和利益时的常用句式如下。

这项政策将有助于……

我们相信这将带来以下好处……

这项政策的实施将提高……

我们期待着这项政策将为社会和经济带来积极变化。

表示欢迎咨询或反馈时的常用句式如下。

我们欢迎公众的意见和建议。

请在指定时间内提交您的反馈。

我们将认真考虑各方的意见，并在必要时修订政策。

结束语的常用句式如下。

这项政策的实施将给我们的社会带来显著变化。

我们感谢您的理解和支持。

我们期待着大家共同努力，实现这项政策的目标。

这项政策的发布标志着我们的承诺和决心。

金句示例如下。

这项政策的核心目标是促进社会公平和经济的可持续发展。

这项政策将创造更多的就业机会，并促进创新和发展。

我们期待着与公众和利益相关方共同推动这项政策落地。

这项政策将为未来的发展奠定坚实的基础。

7.5.3　任免性公告中的常用句式及金句

任免性公告通常用于宣布组织内部的人员变动，如聘任、辞职、升迁等。
以下是一些常用句式及金句。

标题的常用句式如下。

关于……

任命 / 升职 / 辞职 / 解聘……

人员变动……

引言的常用句式如下。

我们很高兴地宣布……

经过仔细考虑，我们已经决定……

为了更好地满足组织的需求，我们作出了以下决定……

由于个人原因，……

宣布人员变动时的常用句式如下。

我们宣布任命 ××× 为……

从现在起，××× 将担任……

请欢迎 ×××，他 / 她将在［岗位］上工作。

××× 已经辞去……

说明变动理由时的常用句式如下。

这一决定是为了更好地实现我们的目标。

由于……，我们不得不做出这一人事变动。

这是根据个人表现和组织需求作出的决策。

我们相信 ××× 能够在新的岗位上发挥更大的作用。

评价被任免者时的常用句式如下。

××× 在过去的工作中表现出色，具备丰富的经验和专业知识。

我们对 ××× 的工作表示高度赞赏，相信他 / 她将继续取得成功。

××× 在……方面的贡献不可估量，他 / 她将继续为组织作出杰出贡献。

我们衷心感谢 ××× 在过去所作出的努力和奉献。

表达期望和祝愿时的常用句式如下。

我们期待着 ××× 在新职位上取得更大的成就。

我们祝愿 ××× 在新的工作中取得巨大的成功。

希望 ××× 继续取得卓越的成就。

我们向 ××× 表示祝贺和支持。

结束语的常用句式如下。

这一任免将为我们的组织带来更大的成功。

我们感谢所有员工的辛勤工作和支持。

请在新职位上加油，我们期待着共同实现更多目标。

我们相信这一人事变动将为我们的组织带来积极影响。

7.5.4　法定性公告中的常用句式及金句

法定性公告通常用于宣布法律、法规或规章的制定、修订及重要的法律事件，需要使用正式、清晰和权威的语言。以下是一些常用句式及金句。

标题的常用句式如下。

关于颁布 / 修订 / 废止……

关于［法律法规］的通告……

引言的常用句式如下。

按照《中华人民共和国 ×× 法》的规定，我们在此宣布……

根据《中华人民共和国 ×× 法》的要求，我们发布……

鉴于……，我们制定以下规定……

本公告旨在……

说明法规内容时的常用句式如下。

根据这项法规，以下规定立即生效……

经过详细考虑和广泛咨询，我们制定了……

请注意以下细节……

这项法规的内容包括……

说明法规目的和意义时的常用句式如下。

颁布这项法规的目的是……

这项法规旨在……

这项法规对……具有积极的影响，有助于……

我们期待着这项法规将为社会带来……

说明法规实施时间时的常用句式如下。

这项法规将于［日期］生效。

自［日期］起，这项法规将正式执行。

请注意，根据新法规，……将在［日期］之前发生变化。

说明法规影响和利益时的常用句式如下。

这项法规的实施将为公众 / 行业 / 组织带来以下影响……

我们相信这项法规的实施将对……产生积极影响，从而……

通过实施这项法规，我们将……

我们期望着这项法规改善……

补充说明时的常用句式如下。

以下解释有助于理解和执行这项法规……

请查看附件以获取详细信息。

如有疑问，可以向……咨询。

结束语的常用句式如下。

发布这项法规是为了确保法律体系的完备和公平。

我们感谢公众的理解和合作。

请大家遵守这项法规，以维护社会的秩序和公平。

扫一扫

公告范文及常用句式、金句

第 8 章

手把手教你用 AI 写通告

8.1 第一步，让 AI 了解通告的基本结构与格式

在用 AI 工具帮助我们撰写通告初稿之前，我们需要先训练 AI 工具，让其了解通告的基本结构与格式。因此，我们以禁管性通告为例，先找一篇符合通行的公文写作规范或者本单位公文写作要求的范文，按照以下方式向 AI 工具提问。

1. 初次提问

提示词如下。

> 以下是禁管性通告的一篇范文。
>
> ×× 市人民政府关于全面禁止猎捕陆生野生动物的通告
>
> 为加强野生动物管理，有效保护野生动物及其栖息地，维护生物安全和生态安全，有效防范重大公共卫生风险，促进人与自然和谐共生，根据《中华人民共和国野生动物保护法》《中华人民共和国陆生野生动物保护实施条例》《××××区实施〈中华人民共和国野生动物保护法〉办法》和《全国人民代表大会常务委员会关于全面禁止非法野生动物交易、革除滥食野生动物陋习、切实保障人民群众生命健康安全的决定》等法律法规，结合我市野生动物资源现状，市政府决定在全市禁止猎捕陆生野生动物，现将有关事项通告如下。
>
> 一、×× 市行政区域全域为陆生野生动物禁猎区。禁猎期为 ××××

年××月起至××××年××月止。禁猎期满后，根据执行情况和国家有关法律决定是否延续禁猎期。

二、禁猎对象为列入《国家重点保护野生动物名录》《内蒙古自治区重点保护野生动物名录》及《国家保护的有重要生态、科学、社会价值的陆生野生动物名录》中的所有陆生野生动物。禁止破坏陆生野生动物栖息地、干扰其繁殖活动。

三、因科学研究、种群调控、除害治理、疫源疫病监测或者其他特殊情况确需猎捕的，必须依法申请办理特许猎捕证和狩猎证，按核准的种类、数量、地点、期限进行猎捕。因野生动物种群数量增加危害人民群众生命财产安全的，由野生动物保护主管部门结合实际情况，依法采取应急措施。

四、除《中华人民共和国野生动物保护法》《中华人民共和国陆生野生动物保护实施条例》和《××××区实施〈中华人民共和国野生动物保护法〉办法》规定的禁止使用的猎捕工具以外，还禁止使用弹弓、刀具、自制猎具、猎犬、猎鹰、投放毒饵、撞击、声音引诱、滚笼、陷阱、掏蛋和捣巢、捕捉幼鸟（早成鸟）和非人工操作制动的装置等工具和方法猎捕野生动物。

五、禁止追逐拍摄、轰赶拍摄、无人机拍摄、捕捉雏鸟诱拍、在鸟类繁殖栖息地聚众拍摄、除科学研究以外的近距离拍摄繁殖巢等干扰鸟类栖息和繁殖的行为。

六、禁止随意放生野生动物。任何组织和个人将野生动物放生至野外环境，应当选择适合放生地野外生存的当地物种，不得干扰当地居民的正常生活、生产，避免对生态系统造成危害。随意放生野生动物，造成他人人身、财产损害或者危害生态系统的，依法承担法律责任。

七、各旗县（区）人民政府要按照属地管理原则，切实承担起保护陆生野生动物的责任，同时要组织开展保护陆生野生动物的宣传教育，提高公民对陆生野生动物的保护意识。

八、各级林草、公安、交通运输及市场监督管理等部门要认真履行职责，加强对陆生野生动物资源的保护和管理，依法打击破坏陆生野生动物资源的违法行为。

九、任何单位和个人都有保护陆生野生动物资源的义务。发现病弱、受伤、饥饿、受困、迷途的陆生野生动物，应向当地野生动物保护主管部门报告；对非法猎捕陆生野生动物、侵占或破坏陆生野生动物生息繁衍场所及其生存环境、干扰野生动物繁殖、随意放生野生动物的违法行为，有权检举和控告。

十、对违反本通告规定猎捕陆生野生动物的单位和个人，由野生动物保护主管部门会同公安部门依据《中华人民共和国野生动物保护法》《中华人民共和国陆生野生动物保护实施条例》和《××××区实施〈中华人民共和国野生动物保护法〉办法》等有关法律法规给予行政处罚，构成犯罪的，依法追究刑事责任。

十一、本通告自发布之日起施行。

××市人民政府

××××年××月××日

请按照以上范文的格式和结构重写一篇禁管性通告。

　　AI 工具输出的结果如下。

××市人民政府关于全面禁止露天焚烧秸秆的通告

为保护环境，减少大气污染，改善空气质量，维护人民群众的健康和生活环境，根据《中华人民共和国大气污染防治法》和《××市大气污染防治条例》等法律法规，结合我市秸秆焚烧情况，市政府决定全面禁止露天焚烧秸秆，现将有关事项通告如下。

一、全市范围内自即日起全面禁止露天焚烧秸秆。禁止任何单位和个人在田间地头、农田、乡村等地点进行秸秆焚烧活动。违反者将依法追究法律责任。

二、各旗县（区）人民政府要切实履行秸秆焚烧禁令，加强对农田秸秆管理的监督和执法力度，确保禁令的切实执行。

三、各级农业、环保、公安等部门要积极宣传禁止露天焚烧秸秆的政策，增强农民的环保意识，推动秸秆综合利用，减少焚烧活动。

四、对于违反本通告规定的单位和个人，将根据《中华人民共和国大气污染防治法》和《××市大气污染防治条例》等相关法律法规予以处罚，情节严重的将追究刑事责任。

五、本通告自发布之日起生效。

××市人民政府

××××年××月××日

2. 再次提问

如前文所述，通告分为三类，即知照性通告、办理性通告和禁管性通告。其中，知照性通告最能体现通告这一文种的特点，它可以让公众及时地知晓某些重要信息。知照性通告在形式结构上主要包括标题、发文字号、正文和落款。下面我们再用一篇知照性通告来做一次训练。

提示词如下。

以下是知照性通告的一篇范文。

关于在本市部分区域试鸣防空警报的通告

××发〔××××〕××号

为增强市民的国防观念和防空防灾意识，提高市民对防空警报信号的识别和认知度，根据《中华人民共和国人民防空法》《中华人民共和国国防教育法》及《××市人民防空条例》有关规定，市政府决定，××××

年××月××日（全民国防教育日）在本市部分区域试鸣防空警报。现就有关事项通告如下。

一、警报试鸣时间

××××年××月××日（星期×）上午 10 时 00 分至 10 时 23 分。

二、警报试鸣范围

本市二环路以外区域。

三、警报试鸣形式

防空警报鸣放按照"预先警报""空袭警报""解除警报"的顺序进行，每种警报鸣放 3 分钟、间隔 7 分钟。

预先警报：10 时 00 分至 10 时 03 分，试鸣预先警报，鸣 36 秒、停 24 秒，反复 3 遍，时间 3 分钟。

空袭警报：10 时 10 分至 10 时 13 分，试鸣空袭警报，鸣 6 秒、停 6 秒，反复 15 遍，时间 3 分钟。

解除警报：10 时 20 分至 10 时 23 分，试鸣解除警报，连续鸣放，时间 3 分钟。

防空警报试鸣期间，请广大市民和临时来访人员在听到警报后保持正常的工作和生活秩序。

特此通告。

××市人民政府

××××年××月××日

请按照以上范文的格式和结构重写一篇知照性通告。

AI 工具输出的结果如下。

××市人民政府关于举行市民防空演练的通告

××发〔××××〕××号

为增强市民的国防观念和防空防灾意识，提高市民对防空演练的重视程度，根据《中华人民共和国人民防空法》《中华人民共和国国防教育法》及《××市人民防空条例》相关规定，市政府决定于××××年××月××日（全民国防教育日）在本市举行市民防空演练。现将有关事项通告如下。

一、演练时间

××××年××月××日（星期×）上午 10 时 00 分至 10 时 30 分。

二、演练地点

本市各区县市民防空避难设施及指定演练区域。

三、演练内容

市民防空演练将模拟突发空袭事件，包括预警信号、前哨警报、空袭警报、解除警报等程序。市民按照演练指导进行避难或就近避难，以检验市民的应急避险能力。

四、演练要求

1. 各区县市民防空办公室要组织演练，确保信号准确传达，并协调相关部门确保演练顺利进行。

2. 市民应认真参与演练，听从现场工作人员的指导和安排，保持冷静，不传播谣言，不慌乱。

3. 临时来访人员也应积极参与演练，增强自身防空防灾意识。

五、演练期间，市民和临时来访人员应服从现场工作人员的指挥，保持正常的工作和生活秩序，不擅自离开演练区域。

特此通告。

××市人民政府

××××年××月××日

　　办理性通告的格式与以上两类通告类似，在此就不再举例演示了。

8.2 第二步，为 AI 提供撰写通告的关键提示词

如前文所述，通告在形式结构上主要包括标题、主送机关（可省略）、正文、发文机关署名和成文日期。其中，标题有 4 种写法（"发文机关 + 事由 + 文种"或"发文机关 + 文种"或"事由 + 文种"或只标注"通告"二字）；正文又包括通告缘由、事项和结语。

我们在向 AI 工具提问时，提示词也需要分为相应的几个部分，越具体越好。下面举例说明。

提示词如下。

我是 ×× 市环境保护局的工作人员，现在需要拟一篇关于市区道路交通管理措施的通告。

请帮我拟好这篇通告的标题。

正文部分的开头介绍发文的缘由和目的，比如，加强市区道路的交通安全管理，减少机动车排放污染。

分条目列出如下通告内容：限制通行、禁止通行措施；不受限制的车辆类型；确实需要进入市区的车辆如何申请；车辆绕行路线；实施时间。

落款是 ×× 市环境保护局、×× 市公安局、×× 市交通运输委员会、×× 市城市管理局、×× 市城乡建设委员会。

时间是 ×××× 年 ×× 月 ×× 日。

AI 工具输出的结果如下。

标题：关于加强市区道路交通管理措施的通告

尊敬的市民和有关单位：

为了进一步加强市区道路的交通安全管理，减少机动车排放污染，××

市环境保护局联合 ×× 市公安局、×× 市交通运输委员会、×× 市城市管理局、×× 市城乡建设委员会共同研究并制定了本次通告，特此向全市市民和相关单位发布以下交通管理措施。

一、限制通行、禁止通行措施

为缓解市区交通压力，提高空气质量，自 ×××× 年 ×× 月 ×× 日起，在 ×× 市区域内，以下车辆将被限制通行或禁止通行：

（列明具体的车辆类型和限制通行区域）

（列明具体的车辆类型和禁止通行区域）

二、不受限制的车辆类型

以下车辆类型不受以上通行限制：

公共交通工具（公交车、地铁、出租车等）；

（列明其他不受限制的车辆类型）

三、确实需要进入市区的车辆如何申请

确实需要进入市区的特殊车辆，可以提前向 ×× 市交通运输委员会提交申请，并按照指定程序获得通行许可证。

四、车辆绕行路线

请被限制通行或禁止通行的车辆按照指定的绕行路线行驶，切勿违反规定。

五、实施时间

上述交通管理措施自 ×××× 年 ×× 月 ×× 日开始实施，具体执行时间将根据实际情况进行调整，并提前通告。

请全市市民和相关单位严格遵守上述交通管理措施，共同致力于市区交通安全和环境保护。感谢您的理解和合作。

×× 市环境保护局

×× 市公安局

×× 市交通运输委员会

××市城市管理局

××市城乡建设委员会

日期：××××年××月××日

8.3　第三步，根据 AI 输出的初稿优化提示词

上面输出的初稿，虽然语句比较通顺，内容也比较充实，但还存在两方面的问题：一是通告的要素不全，如没有发文字号等；二是正文缺少部分内容，如政策依据等。

针对这两方面的问题，我们可以对原有的提示词进行优化。

优化后的提示词如下。

我是××市环境保护局的工作人员，现在需要拟一篇关于市区道路交通管理措施的通告。

请帮我拟好这篇通告的标题。标题下面列出发文字号"×环文〔××××〕××号"。

正文部分的开头介绍发文的依据和缘由及目的，比如，加强市区道路的交通安全管理，减少机动车排放污染。

分条目列出如下通告内容：限制通行、禁止通行措施；不受限制的车辆类型；确实需要进入市区的车辆如何申请；车辆绕行路线；实施时间。

落款是××市环境保护局、××市公安局、××市交通运输委员会、××市城市管理局、××市城乡建设委员会。

时间是××××年××月××日

AI 工具输出的结果如下。

标题：关于加强市区道路交通管理措施的通告

发文字号：×环文〔××××〕××号

尊敬的市民和相关单位：

根据《中华人民共和国道路交通安全法》《××市城市道路交通安全管理条例》和《××市大气污染防治条例》等相关法律法规，为加强市区道路的交通安全管理，减少机动车排放污染，特制定此通告，旨在确保市区交通更加安全、绿色、有序。

具体的交通管理措施如下。

一、限制通行、禁止通行措施

从××××年××月××日起，在市区范围内，以下车辆将被限制通行或禁止通行：

（列明被限制通行和禁止通行的车辆类型及相关区域）

二、不受限制的车辆类型

以下车辆类型不受上述通行限制：

公共交通工具，包括公交车、地铁、出租车等；

（列明其他不受限制的车辆类型）

三、确实需要进入市区的车辆如何申请

确需进入市区的特殊车辆，应提前向××市交通运输委员会提交申请，并按指定程序获得通行许可证。

四、车辆绕行路线

请被制通行或禁止通行的车辆按照指定的绕行路线行驶，不得违反规定。

五、实施时间

上述交通管理措施将于××××年××月××日开始实施，具体的执行时间将根据实际情况进行调整，并提前通告。

最后，感谢您的支持和理解。希望市民和相关单位积极响应并遵守上述交通管理措施，共同为打造更加安全、清洁的城市环境贡献力量。

××市环境保护局

××市公安局

××市交通运输委员会

××市城市管理局

××市城乡建设委员会

日期：××××年××月××日

8.4　第四步，审查、调整初稿

经过提示词优化，AI 工具输出的通告初稿已经大致符合公文写作的基本要求，但我们还需要进一步完成内容修订和格式调整的工作。

改后的文稿如下。

××××××文件

×环文〔××××〕××号

关于加强市区道路交通管理措施的通告

为加强市区道路的交通安全管理，减少机动车排放污染，根据《中华人民共和国道路交通安全法》《××市城市道路交通安全管理条例》和《××市大气污染防治条例》等相关法律法规，特制定此通告，旨在确保市区交通更加安全、绿色、有序。

一、限制通行、禁止通行措施

从××××年××月××日起，在市区范围内，以下车辆将被限制通行或禁止通行：

（列明被限制通行和禁止通行的车辆类型及相关区域）

二、不受限制的车辆类型：

以下车辆类型不受上述通行限制：

公共交通工具，包括公交车、地铁、出租车等；

— 1 —

（列明其他不受限制的车辆类型）

三、 确实需要进入市区的车辆如何申请:

确需进入市区的特殊车辆,应提前向××市交通运输委员会提交申请,并按指定程序获得通行许可证。

四、 车辆绕行路线:

请被限制通行或禁止通行的车辆按照指定的绕行路线行驶,不得违反规定。

五、 实施时间:

上述交通管理措施将于××××年××月××日开始实施,具体的执行时间将根据实际情况进行调整,并提前通告。

最后,感谢您的支持和理解。希望市民和相关单位积极响应并遵守上述交通管理措施,为共同打造更加安全、清洁的城市环境贡献力量。

××市环境保护局

××市公安局

××市交通运输委员会

××市城市管理局

××市城乡建设委员会

××××年××月××日

抄送:××××××,××××××,×××××××,××××××××。

×××××××××　　　　　　××××年××月××日印发

8.5　通告中的常用句式及金句

8.5.1　知照性通告常用句式及金句

知照性通告通常用于向公众传达信息或提醒他们有关事宜。以下是一些常用句式及金句。

通知时间和地点时的常用句式如下。

全体市民，我们特此通知……

请注意，以下是关于……的信息。

提醒注意事项时的常用句式如下。

请注意，在［某日期或时间］发生［某事件］。

我们提醒您……

请大家务必……

宣布事件或消息时的常用句式如下。

我们高兴地宣布……

我们很抱歉地通知您……

我们与您分享……

表达感谢和鼓励时的常用句式如下。

感谢您一直以来的支持和合作……

我们鼓励您继续……

请大家共同努力，以确保……

提供联系方式时的常用句式如下。

如有任何问题，请随时与我们联系……

如需进一步信息，请致电……

强调重要性时的常用句式如下。

这是一个重要的提醒，请务必……

请理解，这对我们所有人都至关重要。

我们深知这一消息对您有多重要。

表达关心和关怀时的常用句式如下。

我们关心您的健康和福祉。

我们的首要关切是您的安全。

请照顾好自己和您的家人。

表达感谢时的常用句式如下。

我们对您的理解和合作表示诚挚的感谢。

感谢您一直以来的支持。

您的参与对我们来说非常重要。

提供帮助或资源时的常用句式如下。

如果您需要帮助或资源，请告知我们。

我们将提供您所需的支持。

结束语的常用句式如下。

谢谢您的合作和理解。

祝您度过愉快的一天。

8.5.2 办理性通告常用句式及金句

办理性通告通常用于向相关部门或个人传达具体任务或行动的要求。以下是一些常用句式及金句。

说明办理事项时的常用句式如下。

根据《××××》的规定，我们将开始办理……

我们将提供以下服务 / 程序……

提供详细信息时的常用句式如下。

请注意［某事项］的具体细节……

以下是办理流程的具体步骤……

强调截止日期时的常用句式如下。

办理截止日期是……

请务必在［日期］前完成办理。

说明办理途径时的常用句式如下。

您可以通过以下方式办理……

我们提供在线办理／电话办理等选项。

提醒所需文件或材料时的常用句式如下。

办理时，请准备以下文件／材料……

您需要提交以下文件……

强调遵守规定时的常用句式如下。

请遵循相关法规和政策。

我们要求所有申请人遵循……

提供联系方式时的常用句式如下。

如有任何疑问或需要帮助，请随时联系我们。

您可以通过以下方式咨询或反馈问题。

感谢合作时的常用句式如下。

感谢您的合作和理解。

我们期待与您的合作。

强调办理目的时的常用句式如下。

我们的目标是确保……

通过这一过程，我们旨在……

鼓励及时办理时的常用句式如下。

请尽早完成办理，以避免不必要的延误。

请您在截止日期前提交……

结束语的常用句式如下。

我们期待您的申请 / 办理。

谢谢您的合作和耐心。

8.5.3 禁管性通告常用句式及金句

禁管性通告通常用于宣布禁止某种活动、行为或物品。以下是一些常用句式及金句。

发布禁令时的常用句式如下。

根据相关法规 / 法律，［机关］决定……

基于公共安全考虑，［机关］决定实施以下禁令……

说明禁止行为时的常用句式如下。

禁止一切形式的……

严禁在以下情况……

强调遵守规定时的常用句式如下。

所有居民和相关机构必须严格遵守此禁令。

违反本禁令将受到法律制裁。

强调期限时的常用句式如下。

本禁令自发布之日起生效，有效期至……

我们将在［日期］后严格执行此禁令。

解释理由时的常用句式如下。

此禁令是为了保障公众安全 / 环境保护等目的而制定的。

我们发布这一禁令是为了应对……

说明处罚或后果时的常用句式如下。

违反此禁令的行为将面临法律责任和处罚。

不遵守禁令可能会导致……

鼓励合作时的常用句式如下。

我们呼吁所有市民积极合作，共同遵守此禁令。

您的合作对确保禁令的执行至关重要。

我们感谢您的理解和合作，以确保公共利益。

结束语的常用句式如下。

请注意，我们将继续监督禁令的执行，以确保其得到有效实施。

我们感谢您的合作，共同维护社会秩序和公共安全。

扫一扫

通告范文及常用句式、金句

第 9 章

手把手教你用 AI 写意见

9.1　第一步，让 AI 了解意见的基本结构与格式

在用 AI 工具帮助我们撰写意见初稿之前，我们需要先训练 AI 工具，让其了解意见的基本结构与格式。因此，我们以实施性意见为例，先找一篇符合通行的公文写作规范或者本单位公文写作要求的范文，按照以下方式向 AI 工具提问。

1. 初次提问

提示词如下。

以下是实施性意见的一篇范文。

国家税务总局关于实施绩效管理的意见

税总发〔××××〕×××号

各省、自治区、直辖市和计划单列市国家税务局、地方税务局，局内各单位：

为深入贯彻落实党中央、国务院关于推进政府绩效管理的部署要求，进一步提升税收工作站位、增强税务部门公信力和执行力，税务总局研究决定实施绩效管理。现提出以下意见。

一、充分认识实施绩效管理的重要性和紧迫性

绩效管理是创新政府管理方式的重要举措。×××以来，党中央、国务院对政府绩效管理提出一系列要求。党的××大报告提出"创新行政管

理方式，提高政府公信力和执行力，推进政府绩效管理"。××届×中全会审议通过的《中共中央关于××××的决定》强调"严格绩效管理，突出责任落实，确保权责一致"。新一届国务院工作规则明确规定"国务院及各部门要推行绩效管理制度和行政问责制度"。自××××年国务院批准试点以来，目前已有××多个国务院部门、近××个省（区、市）政府以不同形式开展绩效管理或考评工作。推进政府绩效管理工作，既是党中央、国务院的战略部署，也是建设创新型、法治型、廉洁型、服务型政府的大势所趋。

我国正处在一个深刻变革的伟大时代。税收工作在推进国家治理体系和治理能力现代化，实现民族复兴"中国梦"的征程中处于重要地位。税务部门作为国家重要经济管理和税收执法部门，实施绩效管理，是适应政府管理改革大势的迫切需要，是服务经济社会发展大局的内在要求，是带好税务系统百万大军的有效抓手。特别是在新的历史条件下，税务干部队伍面临许多风险考验，亟待创新管理理念方式，激发干部队伍动力活力，进一步提高工作效能效率。

实施绩效管理，是税务部门开展党的群众路线教育实践活动的重要成果。通过制定考评指标、落实工作责任倒逼职能转变、工作改进，又通过评价工作业绩、强化结果运用切实体现干与不干、干多干少、干好干坏不一样，提振税务干部精气神，释放税收工作正能量，树立税务部门良好社会形象。各级各部门和广大税务干部要把思想统一到税务总局党组的决定上来，增强责任感和主动性，扎实做好绩效管理。

二、实施绩效管理的指导思想、基本原则和目标规划

（一）指导思想（略）

（二）基本原则（略）

（三）主要目标（略）

（四）三年规划（略）

三、遵循绩效管理规律，确保有序规范实施绩效管理

实施绩效管理，要按照制订绩效计划、实施绩效监控、开展绩效考评、运用考评结果和加强绩效改进的基本流程推进。

（一）科学制订绩效计划（略）

（二）全面实施绩效监控（略）

（三）严格开展绩效考评（略）

（四）有效运用考评结果（略）

（五）重点抓好绩效改进（略）

（六）注重绩效工作沟通（略）

四、凝心聚力，密切协作，积极稳妥推进绩效管理工作

实施绩效管理，是一项重大任务和系统工程，要发扬钉钉子精神，稳扎稳打，步步为营，务求实效。

（一）加强组织领导（略）

（二）严格责任落实（略）

（三）广泛宣传培训（略）

（四）强化科技支撑（略）

运用现代科技手段，增强绩效管理信息化程度，充分发挥信息保障、技术支撑、业务引领的作用，不断提高绩效管理工作质量和效率。税务总局将开发运行绩效管理信息系统。各级各部门要把绩效管理信息系统与税收综合征管信息系统、税务综合办公信息系统等有机衔接，深度利用信息系统，积极实行计算机考评，切实增强绩效管理的客观性、透明性和公正性。

国家税务总局

××××年××月××日

请按照以上范文的格式和结构重写一篇实施性意见。

AI 工具输出的结果如下。

国家环境保护局关于实施生态保护工程的意见

环保发〔××××〕×××号

各省、自治区、直辖市环境保护局，国家环境保护局驻各地特派员办事处，局内各单位：

为深入贯彻党中央、国务院关于生态环境保护的决策部署，积极应对生态环境问题，进一步加强我国生态环境保护工作，国家环境保护局研究决定实施生态保护工程。现提出以下意见。

一、充分认识实施生态保护工程的重要性和紧迫性

生态保护工程是应对我国生态环境问题的关键举措。党中央、国务院多次强调加强生态文明建设，提高生态环境质量。新时代我国正面临环境污染、生态破坏等问题，亟须采取更有力的措施加以解决。实施生态保护工程，是落实党的××大提出的绿色发展理念，推动生态文明建设，确保人民群众健康和生态环境安全的迫切需要。

生态保护工程的开展，旨在建设美丽中国，促进经济社会可持续发展。我们要深刻认识到，生态保护工程不仅关系到环境质量，更直接关系到国家安全、经济发展和人民幸福。因此，实施生态保护工程是国家治理体系和治理能力现代化的迫切需要，是保卫和建设好我们的家园的迫切需要。

实施生态保护工程，是落实党的群众路线教育实践活动的重要举措。通过改善生态环境、保护生态资源，提升人民群众的获得感和满意度，增强国家生态文明形象。各级各部门和广大环保干部要紧密团结在党中央的周围，深刻领会实施生态保护工程的重大意义，充分认识责任重大，使命光荣，勇于担当，锐意进取，全力以赴，推动生态保护工程深入开展。

二、实施生态保护工程的指导思想、基本原则和目标规划

（一）指导思想（略）

（二）基本原则（略）

（三）主要目标（略）

（四）三年规划（略）

三、遵循生态保护规律，确保有序规范实施生态保护工程

实施生态保护工程，要按照制订生态保护计划、实施生态监测、开展生态保护评估、推进生态保护工程、强化生态保护改进的基本流程推进。

（一）科学制订生态保护计划（略）

（二）全面实施生态监测（略）

（三）严格开展生态保护评估（略）

（四）有效推进生态保护工程（略）

（五）重点抓好生态保护改进（略）

（六）注重生态保护工作沟通（略）

四、凝心聚力，密切协作，积极稳妥推进生态保护工程

实施生态保护工程，是一项涉及面广、关系深远的工程，需要各级环保部门紧密协作，发扬钉钉子精神，扎实推进，确保工作落实落地。

（一）加强组织领导（略）

（二）严格责任落实（略）

（三）广泛宣传培训（略）

（四）强化科技支撑（略）

运用现代科技手段，增强生态保护工程信息化程度，充分发挥信息保障、技术支撑、业务引领的作用，不断提高工作质量和效率。国家环境保护局将开发运行生态保护工程信息系统。各级各部门要把生态保护工程信息系统与生态监测系统、环境执法信息系统等有机衔接，深度利用信息系统，积极实行计算机监测，切实增强生态保护工程的客观性、透明性

和公正性。

国家环境保护局

××××年×月××日

2. 再次提问

如前文所述，意见分为四类，即指导性意见、实施性意见、呈报性意见和呈转性意见。其中，指导性意见和实施性意见多用于上级向下级布置工作，呈报性意见和呈转性意见多用于下级向上级提出建议。下面我们再用一篇指导性意见来做一次训练。

提示词如下。

以下是指导性意见的一篇范文。

国家税务总局关于进一步动员社会力量深入开展税收志愿服务的指导意见

××发〔××××〕××号

国家税务总局各省、自治区、直辖市和计划单列市税务局，国家税务总局驻各地特派员办事处，局内各单位：

税收志愿服务是社会化纳税服务体系的重要组成部分。近年来，税务机关协调动员社会力量，组织开展税收志愿服务活动，缓解纳税服务资源不足，取得了一定的成效。为落实中央全面深化改革委员会第××次会议审议通过的《关于××××的意见》，适应税收改革发展需要，满足纳税人和缴费人日益增长的服务需求，推动构建现代化税费服务体系，依据《××××条例》等相关规定，现就进一步动员社会力量深入开展税收志愿服务提出如下意见。

一、总体要求（略）

二、服务内容

根据税收重点工作及日常税费服务需要，可开展以下税收志愿服务活动：

（一）在办税缴费服务场所提供辅助性服务；

（二）在 ×××× 热线、税务网站等线上渠道提供咨询服务；

（三）通过纳税人学堂、"进园区、进校园、进社区"等形式开展公益性宣传活动；

（四）上门为老年人、行动不便者等特殊困难群体提供办税缴费帮扶服务；

（五）参加办税缴费服务体验活动，提出改进意见；

（六）其他税收志愿服务。

三、主要措施

（一）广泛动员社会力量参与（略）

（二）做好税收志愿服务项目发布和志愿者招募工作（略）

（三）加强税收志愿者培训（略）

（四）完善税收志愿服务保障（略）

（五）规范税收志愿服务管理（略）

（六）健全税收志愿服务激励机制（略）

（七）培育税收志愿服务文化（略）

四、组织保障

（一）坚持党建引领（略）

（二）健全工作机制（略）

（三）加强沟通协调（略）

（四）强化技术支撑（略）

将税收志愿服务纳入全国志愿服务体系，依托全国志愿服务信息系统，实现税收志愿服务注册、招募、记录、评价等方面的全过程信息化管理。

国家税务总局

××××年××月××日

请严格按照以上范文的格式和结构重写一篇指导性意见。

AI 工具输出的结果如下。

国家文化和旅游局关于加强旅游志愿服务的指导意见

文旅发〔××××〕××号

各省、自治区、直辖市文化和旅游局，国家文化和旅游局驻各地特派员办事处，局内各单位：

旅游志愿服务是旅游业发展的重要组成部分。近年来，文化和旅游部门积极开展旅游志愿服务，提升旅游服务品质，推动旅游业的繁荣。为进一步推动旅游业发展，提高旅游服务水平，满足游客日益增长的服务需求，现就加强旅游志愿服务提出以下指导意见。

一、总体要求

（一）指导思想：全面贯彻党的××大和××届×中、×中全会精神，积极响应乡村振兴、文化旅游融合发展的政策部署，充分发挥旅游志愿服务在促进文旅产业发展、提升游客体验、传承优秀文化等方面的积极作用。

（二）基本原则：坚持党建引领，广泛动员社会力量参与，规范志愿服务管理，激发志愿者的热情和创造力，推动旅游志愿服务不断迈上新台阶。

（三）总体目标：建设一支组织有序、服务高效、文明规范、充满活力的旅游志愿服务队伍，服务范围覆盖全国各类旅游目的地，提供高品质、多样化的志愿服务，助力文化旅游业持续健康发展。

二、服务内容

根据旅游业发展需要和游客需求，可开展以下旅游志愿服务：

（一）提供游客接待和导览服务；

（二）组织文化体验、手工艺制作等活动；

（三）展示文化传承，推广当地特色文化；

（四）协助景区进行环境保护和垃圾分类工作；

（五）举办文化活动、演出表演；

（六）推进文旅融合发展项目；

（七）其他旅游志愿服务。

三、主要措施

（一）组织广泛动员社会力量参与旅游志愿服务，建立志愿者队伍。

（二）明确志愿服务项目，发布志愿者招募信息，开展志愿者培训。

（三）加强志愿服务监督和管理，建立志愿者奖惩制度，确保志愿服务的规范化和高效性。

（四）为志愿者提供保障，包括交通、食宿等方面的支持。

（五）鼓励志愿者参与文化旅游知识和技能培训，提升服务质量。

（六）加强志愿服务宣传，传播志愿服务文化，营造尊重、关爱志愿者的氛围。

（七）建立志愿服务数据统计与评估体系，推动志愿服务工作不断改进。

四、组织保障

（一）加强领导推动，将志愿服务工作纳入文化和旅游局年度工作计划。

（二）建立工作机制，明确责任分工，加强协调沟通，推动志愿服务项目的顺利实施。

（三）加强技术支持，推动志愿服务信息化管理，提高服务效率。

请各级文化和旅游部门积极组织和推动旅游志愿服务，共同打造更具文化内涵和服务精神的旅游体验，为文旅融合发展作出积极贡献。

国家文化和旅游局

××××年××月××日

呈报性意见和呈转性意见属于上行文，因为发文机关级别较低，所以一般没有发文字号。呈报性意见主要是发文机关向上级反映具体工作的问题，不要求上级必须批准；呈转性意见与呈报性意见的结构相似，但其不仅向上级汇报情况，还需要上级批准转发，以便相关部门贯彻执行。这两种意见涉及的情况较多，我们会在后文中举例予以介绍。

9.2　第二步，为 AI 提供撰写意见的关键提示词

如前文所述，意见在形式结构上主要包括标题（发文机关、事由、文种和事由、文种两种形式）、主送机关（可省略）、正文、发文机关署名和成文日期。其中，正文又包括发文缘由、具体意见和结语。

我们在向 AI 工具提问时，提示词也需要分为相应的几个部分，越具体越好。下面举例说明。

提示词如下。

> 我是 × × 市农业委员会的工作人员，现在需要拟一篇发展观光旅游农业的呈转性意见。
>
> 请帮我拟好这篇意见的标题。
>
> 正文部分的开头介绍发展观光旅游农业的目的，比如，为科学有效地开发利用农业资源，促进农村经济发展，现就发展我市观光旅游农业的有关问题，提出如下意见。
>
> 分条目列出如下内容：指导思想、任务目标与原则，区域布局与重点项目，具体的政策措施。
>
> 结尾强调如无不当，请批转各县（市）、区及市各部门执行。
>
> 落款是 × × 市农业委员会。
>
> 时间是 × × × × 年 × × 月 × × 日。

AI 工具输出的结果如下。

标题：关于加强和推动观光旅游农业发展的意见

正文部分：

随着社会经济的不断发展，观光旅游农业作为一种融合了农村风光和现代休闲旅游的发展模式，已在我市农村振兴战略中崭露头角。为科学有效地开发利用农业资源，促进农村经济发展，现就发展我市观光旅游农业的有关问题，提出如下意见。

一、指导思想、任务目标与原则

指导思想：

贯彻乡村振兴战略，以生态保护、绿色发展为导向，充分挖掘本地农业文化特色，积极推动观光旅游农业发展。

任务目标：

制定全面的观光旅游农业发展规划，实现全市农村旅游业收入年均增长率不低于 ××%。

建设一批有特色的观光旅游农业示范区，提升农村旅游基础设施水平。

培育一批具有影响力的观光旅游农业品牌，提高产品质量和市场竞争力。

推动农村居民增收致富，改善农村居民生活水平。

原则：

生态优先原则，保护和修复农村生态环境，维护农村生态安全。

开放包容原则，鼓励多元投资主体参与观光旅游农业开发。

市场导向原则，根据市场需求和旅游季节灵活调整产品和服务供给。

政策支持原则，提供税收、资金、土地、用电等多方面政策支持。

二、区域布局与重点项目

区域布局：

（1）重点支持我市具有潜力和特色的县市区，优先发展观光旅游农业。

（2）在山区、水乡和田园等不同地理环境中布局观光旅游农业示范区。

（3）整合资源，构建农村旅游产业链，形成区域发展合力。

重点项目：

（1）打造一批生态农庄，提供住宿、餐饮、休闲等多元化服务。

（2）推动特色农产品采摘活动，吸引游客参与亲子互动。

（3）建设农村文化体验中心，展示本地农村文化和工艺。

（4）促进乡村文化旅游和乡村民宿，提高农村旅游接待能力。

三、政策措施

支持农民将农房用于观光旅游农业。

提供税收优惠政策，鼓励企业投资观光旅游农业项目。

设立发展基金，支持农村旅游业基础设施建设。

提供农村旅游从业者培训，提高服务水平。

加强宣传推广，提高我市观光旅游农业的知名度和吸引力。

结尾：

为推动我市观光旅游农业的发展，提升农村旅游业水平，促进农村经济繁荣，请各县（市）、区及市各部门认真贯彻执行上述意见，积极开展相关工作，如无不当，请批转。

××市农业委员会

××××年××月××日

9.3 第三步，根据 AI 输出的初稿优化提示词

上面输出的初稿，虽然语句比较流畅，内容也比较充实，但还存在几个问题：一是标题不是很规范，二是正文中标题级别不是很规范，三是结语部分呈报对象不准确。

针对以上问题，我们可以对原有的提示词进行优化。

优化后的提示词如下。

我是 ×× 市农业委员会的工作人员，现在需要拟一篇关于发展我市观光旅游农业的意见。

正文部分的开头介绍发展观光旅游农业的目的，比如，为科学有效地开发利用农业资源，促进农村经济发展，现就发展我市观光旅游农业的有关问题，提出如下意见。

分条目列出如下意见内容：指导思想、任务目标与原则（下级内容分条目），区域布局与重点项目（下级内容分条目），具体的政策措施（下级内容分条目）。

结尾强调批转执行部门。

落款是 ×× 市农业委员会。

时间是 ×××× 年 ×× 月 ×× 日。

去掉正文中的"标题："""正文部分："""结尾："等辅助说明。

AI 工具输出的结果如下。

关于发展我市观光旅游农业的意见

发展观光旅游农业，是为了科学有效地开发利用农业资源，促进农村经济发展。现就发展我市观光旅游农业的有关问题，提出如下意见。

一、指导思想、任务目标与原则

1.指导思想

贯彻乡村振兴战略，以生态保护、绿色发展为导向，充分挖掘本地农业文化特色，积极推动观光旅游农业发展。

2.任务目标

（1）制定全面的观光旅游农业发展规划，实现全市农村旅游业收入年均

增长率不低于××%。

（2）建设一批有特色的观光旅游农业示范区，提升农村旅游基础设施水平。

（3）培育一批具有影响力的观光旅游农业品牌，提高产品质量和市场竞争力。

（4）推动农村居民增收致富，改善农村居民生活水平。

3.原则

（1）生态优先原则，保护和修复农村生态环境，维护农村生态安全。

（2）开放包容原则，鼓励多元投资主体参与观光旅游农业开发。

（3）市场导向原则，根据市场需求和旅游季节灵活调整产品和服务供给。

（4）政策支持原则，提供税收、资金、土地、用电等多方面政策支持。

二、区域布局与重点项目

1.区域布局

（1）重点支持我市具有潜力和特色的县市区，优先发展观光旅游农业。

（2）在山区、水乡和田园等不同地理环境中布局观光旅游农业示范区。

（3）整合资源，构建农村旅游产业链，形成区域发展合力。

2.重点项目

（1）打造一批生态农庄，提供住宿、餐饮、休闲等多元化服务。

（2）推动特色农产品采摘活动，吸引游客参与亲子互动。

（3）建设农村文化体验中心，展示本地农村文化和工艺。

（4）促进乡村文化旅游和乡村民宿，提高农村旅游接待能力。

三、政策措施

（1）支持农民将农房用于观光旅游农业。

（2）提供税收优惠政策，鼓励企业投资观光旅游农业项目。

（3）设立发展基金，支持农村旅游业基础设施建设。

（4）提供农村旅游从业者培训，提高服务水平。

（5）加强宣传推广，提高我市观光旅游农业的知名度和吸引力。

以上为我市发展观光旅游农业的相关意见，请各相关部门认真落实，积极推动观光旅游农业的发展，以推动农村振兴为己任，促进我市农村经济的繁荣发展。

落款：××市农业委员会

时间：××××年××月××日

9.4　第四步，审查、调整初稿

经过提示词优化，AI 工具输出的决定初稿已经大致符合公文写作的基本要求，但我们还需要进一步完成内容修订和格式调整的工作。

改后的文稿如下。

××××××文件

×××〔××××〕×号

关于发展我市观光旅游农业的意见

发展观光旅游农业，是为了科学有效地开发利用农业资源，促进农村经济发展。现就发展我市观光旅游农业的有关问题，提出如下意见。

一、指导思想、任务目标与原则

1.指导思想

贯彻乡村振兴战略，以生态保护、绿色发展为导向，充分挖掘本地农业文化特色，积极推动观光旅游农业发展。

2.任务目标

（1）制定全面的观光旅游农业发展规划，实现全市农村旅游业收入年均增长率不低于××%。

— 1 —

（2）建设一批有特色的观光旅游农业示范区，提升农村旅游基础设施水平。

（3）培育一批具有影响力的观光旅游农业品牌，提高产品质量和市场竞争力。

（4）推动农村居民增收致富，改善农村居民生活水平。

3. 原则

（1）生态优先原则，保护和修复农村生态环境，维护农村生态安全。

（2）开放包容原则，鼓励多元投资主体参与观光旅游农业开发。

（3）市场导向原则，根据市场需求和旅游季节灵活调整产品和服务供给。

（4）政策支持原则，提供税收、资金、土地、用电等多方面政策支持。

二、区域布局与重点项目

1. 区域布局

（1）重点支持我市具有潜力和特色的县市区，优先发展观光旅游农业。

（2）在山区、水乡和田园等不同地理环境中布局观光旅游农业示范区。

（3）整合资源，构建农村旅游产业链，形成区域发展合力。

2.重点项目

（1）打造一批生态农庄，提供住宿、餐饮、休闲等多元化服务。

（2）推动特色农产品采摘活动，吸引游客参与亲子互动。

（3）建设农村文化体验中心，展示本地农村文化和工艺。

（4）促进乡村文化旅游和乡村民宿，提高农村旅游接待能力。

三、政策措施

（1）支持农民将农房用于观光旅游农业。

（2）提供税收优惠政策，鼓励企业投资观光旅游农业项目。

（3）设立发展基金，支持农村旅游业基础设施建设。

（4）提供农村旅游从业者培训，提高服务水平。

（5）加强宣传推广，提高我市观光旅游农业的知名度和吸引力。

请各相关部门认真落实以上意见，积极推动观光旅游农业的发展，以推动农村振兴为己任，促进我市农村经济的繁荣发展。

××市农业委员会

××××年××月××日

抄送：×××××，×××××，××××××××，×××××××××。

×××××××××　　　　　　×××××年××月××日印发

— 3 —

9.5 意见中的常用句式及金句

9.5.1 指导性意见中的常用句式及金句

指导性意见通常以明确的语气和结构陈述政府或其他组织的决策、建议、要求等。以下是一些常用句式及金句。

强调指导思想、任务目标与原则时的常用句式如下。

我们的指导思想是……

我们的任务目标是……

我们应坚持的原则包括……

说明区域布局与重点项目时的常用句式如下。

我们计划在以下领域进行布局……

重点项目包括……

说明政策措施时的常用句式如下。

为了实现这些目标，我们将采取以下政策措施……

我们将加强对于……的政策支持，以促进……

在结尾强调批转执行部门时的常用句式如下。

我们要求各相关部门切实负起责任，按照本意见的要求，积极主动地开展工作。

请各相关部门积极配合，确保本意见的顺利实施。

金句示例如下。

我们的目标是塑造一个繁荣兴旺、生态宜居的城市。

在实施过程中，我们将坚守科学、公平、公正、透明的原则，确保政策的公平公正执行。

通过这一系列措施，我们将助力经济的持续增长，提高居民的生活质量，创造更多的就业机会。

本意见的核心理念是以人民为中心，提升全体市民的幸福感和获得感。

我们相信，只要全体市民和相关部门共同努力，必将实现我们的愿景和目标。

这是一项关系到市民切身利益的工作，我们要认真对待，确保每一项措施落地生根。

9.5.2　实施性意见中的常用句式及金句

实施性意见通常包括具体的行动措施和实施计划。以下是一些常用句式及金句。

明确责任分工时的常用句式如下。

为了确保实施顺利，各相关部门应当明确自己的责任分工。

按照各自的职责和任务，相关部门须积极履行责任。

强调合作协调时的常用句式如下。

各部门之间要积极合作，形成合力。

要加强协调，确保各方面的资源充分整合。

说明监测与评估时的常用句式如下。

我们将建立健全监测和评估机制，及时了解进展情况。

定期评估将有助于我们调整和优化实施计划。

说明资源保障时的常用句式如下。

我们会确保所需资源得到有效配置。

我们将在财政、人力和技术方面提供充分的支持。

说明时间表和里程碑时的常用句式如下。

我们将制定明确的时间表和里程碑，确保实施按计划进行。

我们将定期发布进展报告，向公众和上级部门汇报工作情况。

金句示例如下。

实施计划的成功离不开各部门的通力合作。

通过有计划、有组织的实施，我们相信我们能够实现预期目标。

我们的目标是不断提高服务水平，满足市民的需求，为他们创造更好的生活。

实施计划成功的关键在于紧密协作和资源的合理配置。

我们期待着在实施过程中取得积极的成果，为市民提供更优质的服务。

9.5.3　呈报性意见中的常用句式及金句

呈报性意见通常包括对已完成工作或项目的总结和建议。以下是一些常用句式及金句。

说明呈报目的和背景时的常用句式如下。

根据上级要求，特向……呈报关于……的情况。

鉴于当前形势，我们特别向……呈报有关……

概述呈报内容时的常用句式如下。

本次呈报旨在全面汇报……的进展情况。

为了更好地了解情况，特将以下内容呈报给……

说明工作进展和成果时的常用句式如下。

我们自去年以来取得了显著的进展。

在过去的一年里，我们成功实施了一系列关键举措。

我们团队的努力带来了令人鼓舞的成果。

说明问题和挑战时的常用句式如下。

尽管取得了进展，但我们也面临一些需要解决的问题。

我们意识到，还有一些挑战需要克服。

提出建议和展望时的常用句式如下。

基于目前的情况，我们提出以下建议以改进未来的工作。

我们对未来充满信心，期待在下一阶段取得更大的成功。

表达感谢和期望时的常用句式如下。

感谢您对我们工作的支持和关心。

我们期待得到您宝贵的意见和建议，以便更好地改进工作。

金句示例如下。

过去一年，我们在各个领域取得了显著的进展，这些进展为未来的发展奠定了坚实的基础。

我们将继续努力，迎接未来的机遇和挑战。

我们深知工作中存在一些问题，但我们坚信通过共同努力，我们能够找到解决方案，取得更大的成功。

9.5.4　呈转性意见中的常用句式及金句

呈转性意见通常是上级机构或领导将某项工作或建议提交给下级机构或领导的一种方式。以下是一些常用句式及金句。

说明背景时的常用句式如下。

根据上级要求，特向……呈转有关……的意见。

鉴于当前情况，我们决定将以下问题呈转给……

陈述问题时的常用句式如下。

我们发现了一些涉及……的问题，需要……的指导和决策。

在处理……时，我们遇到了一些复杂性，因此寻求……的意见和支持。

有关……的情况需要……的重视和审议。

说明具体建议时的常用句式如下。

针对上述问题，我们提出以下建议供……参考。

为了解决这些问题，我们建议采取以下措施。

我们期待……的指导和决策，以便我们能够有力地应对这些挑战。

结束语的常用句式如下。

我们期待着听取……宝贵的意见，并将其纳入未来的工作计划。

感谢……的关注和支持，我们相信……的决策将有助于解决这些问题。

金句示例如下。

在专项工作小组的领导下，我们相信这些问题将得到妥善解决。

我们深知问题的严重性，但我们也充满信心，委员会的决策将指引我们走向正确的方向。

通过合作和协调，我们有信心克服当前的困难，并取得成功。

意见范文及常用句式、金句

手把手教你用 AI 写通知

10.1 第一步，让 AI 了解通知的基本结构与格式

在用 AI 工具帮助我们撰写通知初稿之前，我们需要先训练 AI 工具，让其了解通知的基本结构与格式。因此，我们以事务性通知为例，先找一篇符合通知的公文写作规范或者本单位公文写作要求的范文，按照以下方式向 AI 工具提问。

1. 初次提问

提示词如下。

以下是事务性通知的一篇范文。

关于试点推行专业技术人员资格考试电子合格通知书的通知

×× 人社事业发〔××××〕×× 号

各区人力资源和社会保障局，市属各委、办、局、总公司、高等院校人事（干部）处，人民团体人事（干部）部门，各职称考试、评审服务机构，各有关单位：

为贯彻落实《国务院关于 ×××× 的若干规定》精神，深化本市职称制度改革和"放管服"改革，结合落实"互联网＋人社"×××× 行动计划，现就在我市试点推行专业技术人员资格考试电子合格通知书有关事项通知如下。

一、电子合格通知书范围和效力

××××年起，由市人力资源和社会保障局核发的《专业技术人员资格考试合格通知书》试点推行电子证书，与纸质版证书或存档证明等具有同等效力，可应用在职称评价、资格考试、注册登记、单位聘任等业务工作中。具体种类包括：

（一）全国一级建造师、二级建造师、一级造价工程师增报专业考试合格证明；

（二）全国勘察设计注册工程师基础考试成绩合格通知单；

（三）全国高级统计师、高级审计师、高级会计师资格考评结合考试成绩合格证，全国翻译专业资格（水平）一级考试成绩合格通知单，××市高、中级专业技术资格（考评结合）考试合格证书；

（四）全国和××市计算机应用能力考试合格证书，全国职称外语等级考试成绩通知书，××市职称外语、医古文、古汉语考试合格证书；

（五）全国和××市专业技术人员资格考试登记表等存档材料。

二、电子合格通知书内容和样式

电子合格通知书内容包括专业技术人员基本信息、取得资格信息、查验二维码信息、查验生成时间等，并采用××市人事考试中心考试专用章（电子印章）。具体样式附后。

三、电子合格通知书获取及查验渠道

（一）获取方式。专业技术人员登录市人力资源和社会保障局网站公共服务平台用户中心，注册登录并选择专技人员证书系统后，可下载并打印相应电子合格通知书。

（二）查验渠道。可通过扫描电子合格通知书的二维码或直接登录市人力资源和社会保障局网站"在线办事"栏目中的专业技术人员资格证书查询界面，按照要求进行查验操作。

四、其他有关事项

（一）××××年××月起，按照专业技术人员考试类别，逐项发布历年考试对应的电子合格通知书。同时不再统一组织核发相应的纸质证书，取消开具合格证明等现场业务。

（二）对于在试点推行电子合格通知书过程中遇到的问题，可拨打××××咨询，或将问题和建议发送至政务邮箱××××@××××。

附件：电子合格通知书样式

××市人力资源和社会保障局

××××年××月××日

请按照以上范文的格式和结构重写一篇事务性通知。

AI 工具输出的结果如下。

关于公司年度考核结果通知

××公司行政发［××××］××号

各部门主管，各分支机构经理：

为了全面评估公司各部门和分支机构在本年度的工作表现，特进行年度考核。经过慎重评估和综合分析，现将考核结果通知如下。

一、年度考核结果

本年度各部门和分支机构的年度考核结果如下：

部门/分支机构	年度评分	评价
销售部	92 分	优秀
市场部	88 分	良好
研发部	95 分	优秀
财务部	90 分	优秀
分支机构 A	86 分	良好
分支机构 B	91 分	优秀

二、评价细则

各部门和分支机构的年度评价主要基于以下标准：工作业绩、绩效目标达成情况、工作质量和团队合作等。评价细则已由年度考核委员会进行评定，并与各部门负责人进行了充分沟通。

三、奖惩措施

根据年度考核结果，公司将采取以下奖惩措施：

优秀部门将获得年度奖金和荣誉证书，以表彰其出色的工作表现；

良好部门将受到肯定，并鼓励其继续努力，以期在来年获得更好的成绩；

评分较低的部门将受到督促和指导，以提升其工作表现和绩效。

四、改进计划

公司将与各部门主管和分支机构经理共同制订改进计划，以确保明年的工作更加出色。各部门和分支机构主管需要积极应对并解决本年度考核中发现的问题和不足之处。

请各部门主管和分支机构经理尽快与您的团队分享这一评价结果，并督促团队制订改进计划。如果有任何疑问或需要更多的信息，请随时联系我们。

感谢各位在过去的一年里的辛勤工作和付出。希望大家携手合作，共同努力，为公司的更大成功而努力。

××公司

××××年××月××日

2. 再次提问

如前文所述，通知分为六类，即批转性通知、转发性通知、发布性通知、事务性通知、任免性通知和告知性通知。前三类通知采用转述式写法，后三类采用直述性写法。下面我们再用一篇批转性通知来做一次训练。

提示词如下。

以下是批转性通知的一篇范文。

国务院办公厅转发交通运输部等部门关于××××意见的通知

××发〔××××〕××号

各省、自治区、直辖市人民政府，国务院各部委、各直属机构：

交通运输部、发展改革委、教育部、工业和信息化部、公安部、财政部、人力资源社会保障部、生态环境部、住房城乡建设部、应急部、税务总局、市场监管总局、全国总工会《关于××××的意见》已经国务院同意，现转发给你们，请认真贯彻执行。

国务院办公厅

××××年××月××日

关于××××的意见

交通运输部 发展改革委 教育部 工业和信息化部

公安部 财政部 人力资源社会保障部 生态环境部

住房城乡建设部 应急部 税务总局

市场监管总局 全国总工会

为深入贯彻落实党中央、国务院决策部署，加快道路货运行业转型升级，切实改善市场环境，促进行业健康稳定发展，现提出以下意见。

一、总体要求（略）

二、深化货运领域"放管服"改革（略）

（一）持续推进货运领域简政放权（略）

（二）改革危险货物道路运输管理制度（略）

（三）便利货运车辆通行（略）

三、推动新旧动能接续转换

（四）加快运输组织模式创新（略）

（五）推进规模化、集约化发展（略）

（六）鼓励规范"互联网+"新业态发展（略）

四、加快车辆装备升级改造（略）

（七）积极稳妥淘汰老旧柴油货车（略）

（八）推广应用先进货运车型（略）

（九）加强货车超限超载治理（略）

五、改善货运市场从业环境

（十）加强从业人员职业教育培训（略）

（十一）切实维护货车司机权益（略）

六、提升货运市场治理能力

（十二）依法打击车匪路霸（略）

（十三）推进分类分级管理（略）

（十四）加强运行动态监测（略）

请按照以上范文的格式和结构重写一篇批转性通知。

AI 工具输出的结果如下。

关于加强人才引进工作的批转性通知

各市州政府、相关部门：

省政府已审议通过《关于加强人才引进工作的意见》（以下简称"意见"），现将该文件转发给各市州政府，并请各级政府认真贯彻执行。

省政府办公厅

日期：××××年××月××日

关于加强人才引进工作的意见（具体内容略）

转发性通知、发布性通知的写法与批转性通知类似，任免性通知、告知性通知的写法与事务性通知也大致相同，在此就不再举例演示了。

10.2　第二步，为 AI 提供撰写通知的关键提示词

如前文所述，通知在形式结构上主要包括标题（通常由发文机关、主要内容、文种组成）、主送机关、正文、发文机关署名和成文日期。其中，正文又包括发文缘由、通知事项和执行要求。

我们在向 AI 工具提问时，提示词也需要分为相应的几个部分，越具体越好。下面举例说明。

提示词如下。

> 我是 A 公司的行政人员，现在需要拟一篇 A 公司国庆节放假安排的告知性通知。
> 请帮我拟好这篇通知的标题。
> 正文部分的开头介绍本次放假安排的缘由，比如，为便于各部门及早合理安排节假日旅游、交通运输、生产经营等有关工作。
> 分条目列出如下决定内容：放假时间安排，放假期间的生产经营组织工作安排，放假期间的安全生产工作安排，放假期间的值班工作安排。
> 落款是 A 公司。
> 时间是 ×××× 年 ×× 月 ×× 日。

AI 工具输出的结果如下。

> 标题：A 公司国庆节放假安排告知
> 尊敬的 A 公司全体员工：
> 国庆节是我国重要的节日之一，为便于各部门及早合理安排节假日旅游、交通运输、生产经营等有关工作，特制定以下放假安排，希望大家共同遵守，度过一个安全、愉快的假期。

一、放假时间安排

国庆节放假时间为×××× 年××月××日（星期×）至××××年××月××日（星期×），共×天。

二、放假期间的生产经营组织工作安排

各部门应提前做好假期生产、项目、订单等工作的安排和准备，确保国庆节后的生产工作顺利进行。

生产线的值班人员须按照值班计划履行职责，保障关键设备的运行和安全生产。

三、放假期间的安全生产工作安排

所有员工在节日期间要切实增强安全意识，杜绝一切可能引发安全事故的行为。

值班人员须严格执行安全巡查制度，确保各类安全设备的正常运行，及时排除安全隐患。

四、放假期间的值班工作安排：

为保障公司基本运营，我们将安排足够的人员轮班值守，以应对紧急情况和突发事件。

请各位同事积极响应公司的安排，遵守假期安全规定，度过一个快乐、安全的国庆节。我们相信，在大家的共同努力下，A 公司将迎来更加繁荣的未来。

感谢大家一直以来的辛勤工作和奉献，祝大家国庆佳节快乐！

A 公司

日期：×××× 年××月××日

10.3　第三步，根据 AI 输出的初稿优化提示词

　　上面输出的初稿，虽然语句比较流畅，内容也比较充实，但还存在两方面的问题：一是标题不是很规范；二是结尾分为两段，显得有些冗长。

　　针对这两方面的问题，我们可以对原有的提示词进行优化。

　　优化后的提示词如下。

> 我是 A 公司的行政人员，现在需要拟一篇 A 公司国庆节放假安排的告知性通知。
> 标题为"关于国庆节放假安排的通知"。
> 正文部分的开头介绍本次放假安排的缘由，比如，为便于各部门及早合理安排节假日旅游、交通运输、生产经营等有关工作。
> 分条目列出如下决定内容：放假时间安排，放假期间的生产经营工作安排，放假期间的安全工作安排，放假期间的值班工作安排。
> 结尾用一段话简要地提出祝福。
> 落款是 A 公司。
> 时间是 ××××年××月××日。

　　AI 工具输出的结果如下。

> 关于国庆节放假安排的通知
> 为便于各部门及早合理安排节假日旅游、交通运输、生产经营等有关工作，公司作出以下国庆节放假安排，请各位员工遵守并相互转告。
> 一、放假时间安排
> 国庆节放假时间为××××年××月××日（星期×）至××××年××月××日（星期×），共计×天。

二、放假期间的生产经营工作安排

1. 各部门应提前制订国庆节期间的工作计划，确保生产、项目和服务正常运行。

2. 值班人员须按照值班表履行职责，保障必要的生产和服务顺利运行。

三、放假期间的安全工作安排

1. 所有员工在假期内要高度重视安全，切勿疏于安全管理，确保自身和他人的安全。

2. 值班人员须细化安全巡查工作，确保设施设备正常运行，随时处理可能发生的紧急情况。

四、放假期间的值班工作安排

1. 值班人员要按时履行岗位职责，确保公司的基本运行，及时处理紧急事件。

2. 值班人员须保持手机畅通，以备遇到突发事件时能及时联系。

祝愿大家度过一个安全、愉快的假期，与家人、朋友共享快乐时光，也期待着大家在假期后能以更饱满的热情投入工作。

A 公司

日期：××××年××月××日

10.4 第四步，审查、调整初稿

经过提示词优化，AI 工具输出的通知初稿已经大致符合公文写作的基本要求，但我们还需要进一步完成内容修订和格式调整的工作。

改后的文稿如下。

××××××文件

××× 〔××××〕×号

关于国庆节放假安排的通知

为便于各部门及早合理安排节假日旅游、生产经营等事项，公司作出以下国庆节放假安排，请各位员工遵守并相互转告。

一、放假时间安排

国庆节放假时间为××××年××月××日（星期×）至×××年××月××日（星期×），共计×天。

二、放假期间的生产经营工作安排

1.各部门应提前制订国庆节期间的工作计划，确保生产、项目和服务正常运行。

2.值班人员须按照值班表履行职责，保障必要的生产和服务顺利运行。

— 1 —

三、放假期间的安全工作安排

1. 所有员工在假期内要高度重视安全，切勿疏于安全管理，确保自身和他人的安全。

2. 值班人员须细化安全巡查工作，确保设施设备正常运行，随时处理可能发生的紧急情况。

四、放假期间的值班工作安排

1. 值班人员要按时履行岗位职责，确保公司的基本运行，及时处理紧急事件。

2. 值班人员须保持手机畅通，以备遇到突发事件时能及时联系。

祝愿大家度过一个安全、愉快的假期，与家人、朋友共享快乐时光，也期待大家在假期结束后能以更饱满的热情投入工作。

A公司

××××年××月××日

10.5 通知中的常用句式及金句

10.5.1 批转性通知中的常用句式及金句

批转性通知通常用于上级部门或领导将文件或决定转发给下级部门或相关人员。以下是一些常用句式及金句。

说明转发文件的目的和意义时的常用句式如下。

为了确保信息传达到位，特将下列文件转发给各位，请仔细阅读并切实执行。

为了协调各部门工作，特将此事通知转发给相关部门，望密切合作。

强调执行和落实时的常用句式如下。

请各位领导和同志们认真贯彻执行，确保工作顺利推进。

各位同事务必按照文件要求，迅速采取行动，确保任务圆满完成。

强调工作的重要性时的常用句式如下。

这项工作对于我们的发展至关重要，请务必高度重视。

这是一项紧迫且具有挑战性的任务，需要大家全力以赴，共同努力。

表达信任和鼓励时的常用句式如下。

相信各位能够胜任此项工作，期待你们取得出色的成绩。

希望大家充分发挥自己的专业特长，为公司的发展贡献力量。

提供协助和支持时的常用句式如下。

如在执行过程中遇到任何问题，随时联系我办公室，我们将提供必要的协助和支持。

如果需要额外的资源或信息，请及时与相关部门联系，协同解决。

结束语的常用句式如下。

感谢大家的合作和付出，期待我们共同取得成功。

最后，预祝各位工作顺利，取得卓越的成绩。

敬请遵照执行。

10.5.2　转发性通知中的常用句式及金句

转发性通知通常用于将上级部门或领导发布的文件、信息、决定等转发给下级部门或相关人员。以下是一些常用句式及金句。

说明转发文件的目的和意义时的常用句式如下。

为了确保信息传达到位，特将下列文件转发给各位，请仔细阅读并切实执行。

为了协调各部门工作，特将此事通知转发给相关部门，望密切合作。

强调执行和落实时的常用句式如下。

请各位领导和同志们认真贯彻执行，确保工作顺利推进。

各位同事务必按照文件要求，迅速采取行动，确保任务圆满完成。

强调文件的重要性时的常用句式如下。

这份文件对于我们的工作具有重要指导意义，务必予以高度重视。

文件内容直接关系到公司的发展战略，必须严格按照要求执行。

表达信任和鼓励时的常用句式如下。

相信各位能够胜任此项工作，期待你们取得出色的成绩。

希望大家充分发挥自己的专业特长，为公司的发展贡献力量。

说明愿意提供协助和支持时的常用句式如下。

如在执行过程中遇到任何问题，随时联系我办公室，我们将提供必要的协助和支持。

如果需要额外的资源或信息，请及时与相关部门联系，协同解决。

10.5.3　发布性通知中的常用句式及金句

发布性通知通常用于向员工、客户或相关利益相关方传达公司内部或外部的一些重要信息、决定或公告。以下是一些常用句式及金句。

说明通知的主题和目的时的常用句式如下。

关于［主题］的通知如下……

我们现在就［主题］相关事项，通知您以下信息……

引出通知内容时的常用句式如下。

我们很高兴地通知您……

经过仔细考虑，我们决定……

说明具体信息和决定时的常用句式如下。

从［日期］起，将有以下变更 / 调整……

我们决定［决定内容］，以提高效率 / 质量。

强调重要性时的常用句式如下。

这项决定对我们的公司 / 项目 / 服务至关重要。

请务必在［日期］之前采取行动。

表示感激和愿意合作时的常用句式如下。

感谢您一直以来的合作和支持。

我们期待与您共同努力，实现共同的目标。

提供联系信息时的常用句式如下。

如果您有任何疑问或需要进一步的信息，请随时联系［联系人姓名］，电话：［联系电话］。

如需更多信息，请查看我们的官方网站［网址］。

结束语的常用句式如下。

我们期待着……的成功实施，并再次感谢您的支持。

在此，我们预祝您在未来的项目 / 任务中取得卓越的成绩。

10.5.4　事务性通知中的常用句式及金句

事务性通知通常用于向员工、客户或相关方传达具体的操作事项、安排或变更。以下是一些常用句式及金句。

开头的常用句式如下。

根据最新的要求，我们通知您……

为了确保顺利进行，我们计划……

说明具体事项或安排时的常用句式如下。

请注意以下事项／安排……

我们将在［日期／时间］进行［具体操作／活动］。

强调重要性时的常用句式如下。

这是一项重要的决定／变更，需要您的积极合作。

请务必按照以下步骤执行，以确保一切顺利。

提供指导时的常用句式如下。

请按照以下步骤进行操作……

为方便您的操作，请遵循以下指南……

说明时间和地点时的常用句式如下。

该操作将于［日期］在［地点］进行。

请在［时间］准时到达。

说明额外信息或要求时的常用句式如下。

如果您需要进一步的信息或有任何疑问，请随时联系我们。

请确保您已经完成了［具体任务］，并将结果报告给［指定人员］。

提醒和强调最后期限时的常用句式如下。

请在［最后期限］前完成此任务。

不要忘记在［截止日期］之前完成这项工作。

结束语的常用句式如下。

感谢您的合作和理解。

我们期待着您的积极反馈和支持。

谢谢您的配合，祝您一切顺利。

10.5.5 任免性通知中的常用句式及金句

以下是一些常用句式及金句，可以根据通知的具体内容进行适当的修改。

开头的常用句式如下。

根据公司 / 组织决定，我们很高兴地通知您……

根据最新的任免决定，我们荣幸地宣布……

公司董事会决定任命……

介绍被任命或免职人员时的常用句式如下。

我们很高兴地宣布，[姓名]将被任命为……

由于[原因]，[姓名]将不再担任……

经过慎重考虑，我们决定将[姓名]提名为……

解释作出决定的理由时的常用句式如下。

这一决定基于[具体原因]，旨在[目的]。

经过全面评估，我们相信[姓名]具备必要的资质和经验，能够胜任这一职务。

考虑到[相关情况]，我们不得不做出这一艰难的决定。

表达期望时的常用句式如下。

我们期待[姓名]在新职位上继续取得杰出的成绩。

虽然[姓名]离开了现职，但我们相信他 / 她将继续为公司 / 组织作出卓越贡献。

请接受我们最诚挚的祝愿，希望您在新职位上表现出色。

表示鼓励和感谢时的常用句式如下。

感谢 [姓名] 在 [任职期限] 里的辛勤工作和专业表现。

我们衷心感谢 [姓名] 对公司 / 组织的奉献和承诺。

我们期待着与 [姓名] 在未来的表现，并为他 / 她获得新职务感到兴奋。

结束语的常用句式如下。

请随时与我们联系，以解决您可能遇到的问题。

感谢您对公司 / 组织的支持，我们期待着共同创造美好的未来。

10.5.6 告知性通知中的常用句式及金句

以下是一些常用句式及金句，可以根据通知的具体内容进行适当的修改。

开头的常用句式如下。

我们很高兴地通知您……

根据最新的信息，我们想告知您……

请注意以下重要信息……

提供具体信息时的常用句式如下。

根据最新的调查结果，我们发现……

根据法规 / 政策的规定，我们需要……

我们获得了以下更新 / 变更 / 重要消息……

请注意，以下是关于 [主题] 的详细信息……

强调重要性时的常用句式如下。

请注意，这对我们的公司 / 组织非常重要。

这一消息对您的工作 / 计划有重大影响。

我们强烈建议您仔细阅读并理解这一信息。

请确保您已了解并采取适当的行动。

提供联系方式时的常用句式如下。

如果您有任何问题或需要进一步的协助，请随时与我们联系。

您可以通过以下方式获得更多信息 / 支持：[联系方式]。

如果您需要帮助或有疑问，请立即与我们联系。

结束语的常用句式如下。

感谢您的合作和理解。

我们将继续向您提供最新的信息。

我们感谢您对我们的信任和支持。

希望以上信息对您有所帮助，如果您有任何疑问，请随时联系我们。

扫一扫

通知范文及常用句式、金句

第 11 章

手把手教你用 AI 写通报

11.1　第一步，让 AI 了解通报的基本结构与格式

在用 AI 工具帮助我们撰写通报初稿之前，我们需要先训练 AI 工具，让其了解通报的基本结构与格式。因此，我们以情况通报为例，先找一篇符合通报的公文写作规范或者本单位公文写作要求的范文，按照以下方式向 AI 工具提问。

1. 初次提问

提示词如下。

以下是情况通报的一篇范文。

关于餐饮业食品安全大检查专项整治的通报

××××第××期

为了防控餐饮环节风险隐患，严惩违法违规行为，落实食品安全"四个最严"的要求，××市××区市场监督管理局对××区餐饮门店进行餐饮业食品安全大检查专项督导和检查，现将近期餐饮单位违法行为处置情况通报如下。

一、A餐饮有限公司

当事人盛放直接入口食品的餐具饮具未保持清洁的行为，违反了《××市小规模食品生产经营管理规定》第十八条第（四）项的规定。依据《××市小规模食品生产经营管理规定》第二十八条的规定，责令其改

正违法行为。

二、B 小吃店

当事人经营条件发生变化的行为，违反了《××市小规模食品生产经营管理规定》第十三条第（十五）项的规定。依据《××市小规模食品生产经营管理规定》第二十八条的规定，责令其改正违法行为。

三、C 小吃店

当事人擅自改变设备设施，经营条件发生变化，不再符合食品安全要求的行为，违反了《中华人民共和国食品安全法》第四十七条的规定。依据《中华人民共和国食品安全法》第一百二十六条第一款第（十一）项的规定，责令其改正违法行为，给予警告处罚。

四、D 民俗餐厅

当事人在凉菜间内存放未清洗原料的行为，违反了《××市小规模食品生产经营管理规定》第十八条第（三）项的规定。依据《××市小规模食品生产经营管理规定》第二十八条的规定，责令其改正违法行为。

五、E 小吃店

当事人未定期清理设备的行为，违反了《中华人民共和国食品安全法》第五十六条第一款的规定。依据《中华人民共和国食品安全法》第一百二十六条第一款第（五）项的规定，责令其改正违法行为，给予警告处罚。

六、F 食品店

当事人未按规定建立并遵守进货查验记录制度的行为，违反了《中华人民共和国食品安全法》第五十三条第二款的规定。依据《中华人民共和国食品安全法》第一百二十六条第一款第（三）项的规定，责令其改正违法行为，给予警告处罚。

七、G 面馆

当事人消毒后的餐饮具未存放在清洁、专用、密闭的保洁设施中的行为，违反了《中华人民共和国食品安全法》第三十三条第（五）项的规定。依据《中华人民共和国食品安全法实施条例》第七十条、《中华人民共和国食品安全法》第一百二十六条第一款的规定，责令其改正违法行为，给予警告处罚。

八、H 小吃店

当事人健康证明过期的行为，违反了《××市小规模食品生产经营管理规定》第十三条第（十六）项的规定。依据《××市小规模食品生产经营管理规定》第二十八条的规定，责令其改正违法行为。

九、I 商贸有限公司

当事人未亮照亮证经营的行为，违反了《××市小规模食品生产经营管理规定》第十四条的规定。依据《××市小规模食品生产经营管理规定》第二十九条的规定，责令其改正违法行为。

十、J 小吃店

当事人未在显著位置公示从业人员健康证明的行为，违反了《××市小规模食品生产经营管理规定》第十四条的规定。依据《××市小规模食品生产经营管理规定》第二十九条的规定，责令其改正违法行为。

十一、K 小吃店

当事人存在食品生产经营人员未穿戴清洁的工作帽、手套的行为，违反了《中华人民共和国食品安全法》第三十三条第一款第（八）的规定。依据《中华人民共和国食品安全法实施条例》第七十条、《中华人民共和国食品安全法》第一百二十六条第一款的规定，责令其改正违法行为，给予警告处罚。

十二、L 饭庄

当事人安排未取得健康证明文件人员从事接触直接入口食品工作的行为，违反了《中华人民共和国食品安全法》第四十五条第二款的规定。依据《中华人民共和国食品安全法》第一百二十六条第（六）项的规定，责令其改正违法行为，给予警告处罚。

十三、M 餐饮有限公司

当事人未按规定记录台账的行为，违反了《××市小规模食品生产经营管理规定》第十五条的规定。依据《××市小规模食品生产经营管理规定》第二十八条的规定，责令其改正违法行为。

十四、N 饭店

当事人在凉菜间内存放未清洗原料的行为，违反了《××市小规模食品生产经营管理规定》第十八条第（三）项的规定。依据《××市小规模食品生产经营管理规定》第二十八条的规定，责令其改正违法行为。

十五、O 餐饮有限公司

当事人现场检查未提供台账的行为，违反了《××市小规模食品生产经营管理规定》第十五条的规定。依据《××市小规模食品生产经营管理规定》第二十八条的规定，责令其改正违法行为。

十六、P 民俗餐厅

当事人未按要求贮存食品的行为，违反了《中华人民共和国食品安全法》第三十三条第一款第（六）项的规定。依据《中华人民共和国行政处罚法》第二十八条第一款、《中华人民共和国食品安全法》第一百三十二条的规定，责令其改正违法行为，给予警告处罚。

十七、Q 小吃店

当事人台账记录不完整的行为，违反了《××市小规模食品生产经营管理规定》第十五条的规定。依据《××市小规模食品生产经营管理规定》第二十八条的规定，责令其改正违法行为。

十八、R 机械有限公司

当事人安排未取得健康证明文件人员从事接触直接入口食品工作的行为，违反了《中华人民共和国食品安全法》第四十五条第二款的规定。依据《中华人民共和国食品安全法》第一百二十六条第（六）项的规定，责令其改正违法行为，给予警告处罚。

特此公告

××市××区市场监督管理局

××××年××月××日

请按照以上范文的格式和结构重写一篇工作检查情况通报。

AI 工具输出的结果如下。

关于工作检查情况的通报

为了加强对各部门工作的监督与检查，确保各项工作有序推进，现将最近一段时间内进行的工作检查情况通报如下。

一、人力资源部

人力资源部未及时更新员工档案，违反了公司员工档案管理规定。根据公司规章制度，责令其立即整改，并建议加强培训以提高员工档案管理水平。

二、财务部

财务部在报销流程中存在超过规定时间审批报销单的情况，导致员工经济权益受损。责令财务部加强流程管理，确保报销流程的及时性和公平性。

三、销售部

销售部未按照销售计划履行任务，导致销售额下降。建议销售部采取措施提高销售效率，确保完成销售目标。

四、生产部

生产部在生产过程中发生了两起安全事故，影响了生产计划和员工安全。责令生产部加强安全生产教育培训，确保生产过程的安全性。

五、研发部

研发部未按时提交项目进度报告，导致项目延误。责令研发部建立有效的项目管理机制，确保项目按计划推进。

六、客户服务部

客户服务部接到多起客户投诉，反映服务不及时。责令客户服务部加强客户沟通和投诉处理，提高服务质量。

七、市场营销部

市场营销部未及时更新市场调研数据，导致市场分析不准确。责令市场营销部加强数据收集和分析工作，确保市场信息的及时性和准确性。

八、采购部

采购部在采购过程中存在违规操作，需要进一步调查处理。责令采购部全面自查，确保采购活动的合法性和透明度。

以上为各部门最近一段时间内的工作检查情况，各部门须认真对待，积极整改，确保公司各项工作有序推进。希望各部门领导和全体员工共同努力，为公司的发展贡献更大的力量。

特此通报

×× 公司

×××× 年 ×× 月 ×× 日

2. 再次提问

如前文所述，通报分为三类，即表彰通报、批评通报和情况通报。通报往往在一个机关或一个系统内部使用，内容要真实，语言要简洁庄重。下面我们再用一篇表彰通报来做一次训练。

提示词如下。

以下是表彰通报的一篇范文。

×× 关于对国务院第 × 次大督查发现的典型经验做法给予表扬的通报

×× 发〔××××〕×× 号

各省、自治区、直辖市人民政府，国务院各部委、各直属机构：

为进一步推动中央经济工作会议部署和《政府工作报告》提出目标任务的贯彻落实，国务院部署开展了第 × 次大督查。从督查情况看，各有关地区在党中央坚强领导下，以 ×××× 思想为指导，认真落实党中央、国务院重大决策部署，求真务实、攻坚克难，统筹推进稳增长、促改革、调结构、惠民生、防风险、保稳定各项工作，加大"六稳"工作力度，各项工作取得积极成效。在对 ×× 个省（区、市）开展实地督查中，除发现一些地方存在有令不行、有禁不止，不作为慢作为乱作为等问题外，也发现有关地方在减税降费、稳定和扩大就业、深化"放管服"改革优化营商环境、推动创新驱动发展、合理扩大有效投资等方面主动作为、精准发力，在实践中创造和形成了一批好的经验做法。

为表扬先进，宣传典型，进一步激发和调动各地区、各部门锐意进取、改革创新的积极性、主动性和创造性，推动形成善于破解难题、勇于干事创业的良好局面，经国务院同意，对 ×× 市加强财政开源节流保障重点项目实施、×× 省探索职务科技成果权属改革打通科技与经济结合通道等 ×× 项地方典型经验做法予以通报表扬。希望受到表扬的地方牢记使命，珍惜荣誉，发扬成绩，奋力拼搏，再创佳绩。

各地区、各部门要坚决贯彻落实党中央、国务院决策部署，坚持稳中求进工作总基调，坚持新发展理念，坚持推动高质量发展，坚持以供给侧结构性改革为主线，坚持深化市场化改革、扩大高水平开放，学习借鉴典型经验做法，认真履职尽责，强化责任担当，抓深抓实抓细抓好各项工作，力戒形式主义、官僚主义，保持经济持续健康发展和社会大局稳定，确保完成全年经济社会发展主要目标任务，为实现"两个一百年"奋斗目标和中华民族伟大复兴的中国梦作出新的更大贡献。

附件：国务院第 × 次大督查发现的典型经验做法（共 ×× 项）

××××

××××年××月××日

请严格按照这篇范文的格式和结构重写一篇表彰通报。

AI 工具输出的结果如下。

关于表彰 A 公司优秀员工的通报

为了充分肯定和表彰 A 公司的杰出员工，激励广大员工积极进取，促进企业更好地发展，特举行表彰大会，现将获奖情况通报如下。

主要事实：

在过去一年中，以下员工在各自的领域表现突出，为公司赢得了荣誉。

1.×× 同志：在产品研发方面积极进取，提出了多项创新性的建议，为公司推出新产品起到了关键作用。

2.×× 同志：在生产过程中，通过精细管理和技术升级，成功提高了生产效率，有效降低了生产成本，为公司节省了大量资源。

3.×× 同志：作为销售团队的核心成员，在市场竞争激烈的情况下，取得了突出的销售业绩，为公司创造了丰厚的利润。

具体奖励：

为表彰以上员工在各自岗位上的杰出表现，特授予他们以下荣誉和奖励。

1.杰出员工奖：授予 ×× 同志，以表彰他在产品研发中的卓越贡献。

2.生产精英奖：授予 ×× 同志，以表彰他在生产方面的杰出业绩。

3.销售之星奖：授予 ×× 同志，以表彰他在销售领域的卓越表现。

教育意义：

以上员工是公司全体员工的楷模。他们的努力、创新和奉献精神应该成为我们学习的榜样。通过这次表彰，我们希望能够激发更多员工的积极性和创造性，为公司的可持续发展贡献力量。

决定要求：

被表彰的员工要珍惜荣誉，再接再厉，为公司的发展继续努力。

其他员工要学习表彰对象的先进经验，不断提升自己，为公司的进步贡献力量。

A 公司

××××年××月××日

批评通报与表彰通报的写法和格式类似，在此就不再举例演示了。

11.2　第二步，为 AI 提供撰写通报的关键提示词

如前文所述，通报在形式结构上主要包括标题（通常为"发文机关＋事由＋文种"，有时可省略发文机关）、发文字号（代字＋年份＋号数）、主送机关、正文、署名和成文日期。其中，正文又包括主要事实、教育意义和决定要求。

我们在向 AI 工具提问时，提示词也需要分为相应的几个部分，越具体越好。下面举例说明。

提示词如下。

我是 A 公司的行政人员，现在需要拟一篇 A 公司表彰先进个人的通报。

请帮我拟好这篇通报的标题。

开头部分介绍本次通报的缘由，比如，为了总结成绩，激励先进，弘扬典型，进一步激发广大员工的积极性和创造性。

分条目列出如下通报内容：主要事实，具体奖励，教育意义，决定要求。

落款是 A 公司。

时间是××××年××月××日。

AI 工具输出的结果如下。

标题：表彰通报 A 公司先进个人荣誉发布

开头部分：

为了总结公司各部门在工作中的杰出表现，激励先进，弘扬典型，进一步激发广大员工的积极性和创造性，特发布以下表彰通报。

通报内容

一、主要事实

本次通报的主要对象是我们公司内一位杰出的员工，他在过去的一年中表现出色，为公司的发展作出了卓越的贡献。以下是他的主要事迹：

（详细描述他在工作中的突出表现，包括项目成就、创新、卓越的工作业绩等）

二、具体奖励

为了表彰他的杰出表现，公司决定授予他以下荣誉：

（列出具体奖项和奖励，如荣誉证书、奖金、特别福利等）

三、教育意义

他的经验和成就为广大员工提供了宝贵的学习和借鉴机会，具有重要的教育意义，包括：

（强调该员工的成功经验可以启发其他员工，激发工作激情）

（提到他的专业技能和工作态度为公司树立了典范，鼓励其他员工效仿）

四、决定要求

希望被表彰的员工能够继续保持高尚的职业道德和工作激情，为公司的长远发展贡献力量。同时，呼吁全体员工积极学习他的工作精神和职业素养，为公司的更大成功共同努力。

落款：A 公司

时间：××××年××月××日

11.3　第三步，根据 AI 输出的初稿优化提示词

上面输出的初稿，虽然语句比较流畅，内容也比较充实，但还存在三方面的问题：一是标题不是很规范，二是中间有过渡词，三是结尾画蛇添足。

针对这三方面的问题，我们可以对原有的提示词进行优化。

优化后的提示词如下。

我是 A 公司的行政人员，现在需要拟一篇 A 公司表彰先进个人的通报。

标题为"关于表彰 ×× 同志的通报"。

开头部分介绍本次通报的缘由，比如，为了总结成绩，激励先进，弘扬典型，进一步激发广大员工的积极性和创造性。

分条目列出如下通报内容：主要事实，具体奖励，教育意义，决定要求。

落款是 A 公司。

时间是 ×××× 年 ×× 月 ×× 日。

AI 工具输出的结果如下。

关于表彰 ×× 同志的通报

为了总结成绩，激励先进，弘扬典型，进一步激发广大员工的积极性和创造性，特发布以下表彰通报。

主要事实：

×× 同志是公司的一位杰出员工，他在过去的一年中表现出色，为公司的发展作出了卓越贡献。

（详细描述 ×× 同志在工作中的卓越表现，包括项目成就、创新、工作业绩等）

具体奖励：

公司决定授予 ×× 同志以下荣誉和奖励：

（列出具体奖励，如荣誉证书、奖金、特别福利等）

教育意义：

×× 同志的成功经验和成就为广大员工提供了宝贵的学习和借鉴机会。

（强调他的专业技能和工作态度为公司树立了典范，鼓励其他员工效仿）

决定要求：

希望被表彰的 ×× 同志能够继续保持高尚的职业道德和工作激情，为公司的长远发展贡献力量。

呼吁全体员工积极学习 ×× 同志的工作精神和职业素养，为公司的更大成功共同努力。

A 公司

××××年××月××日

11.4　第四步，审查、调整初稿

经过提示词优化，AI 工具输出的通报初稿已经大致符合公文写作的基本要求，但我们还需要进一步完成内容修订和格式调整的工作。

改后的文稿如下。

关于表彰××同志的通报

　　为了总结成绩、激励先进、弘扬典型，进一步激发广大员工的积极性和创造性，特发布以下表彰通报。

　　××同志是公司的一位杰出员工，他在过去的一年中表现出色，为公司的发展作出了卓越贡献。

　　（详细描述××同志在工作中的卓越表现，包括项目成就、创新、工作业绩等）

　　公司决定授予××同志以下荣誉和奖励：

　　（列出具体奖励，如荣誉证书、奖金、特别福利等）

　　××同志的成功经验值得其他员工学习借鉴。

　　（强调××同志的专业技能和工作态度为公司树立了典范，鼓励其他员工效仿）

　　希望被表彰的××同志能够继续保持高尚的职业道德和工作激情，为公司的长远发展贡献力量。

　　呼吁全体员工积极学习××同志的精神，为公司获得更大的成功共同努力奋斗。

　　　　　　　　　　　　　　　　　A公司

　　　　　　　　　　　　　　　　　××××年××月××日

11.5 通报中的常用句式及金句

11.5.1 表彰通报中的常用句式及金句

以下是一些常用句式及金句，可以根据需要进行调整和修改。

特此表彰……

为了充分肯定……

在过去一段时间内，[姓名/单位]表现出色，值得特别表扬。

对于[姓名/单位]在[时间段]内的杰出表现，我们深感自豪。

他/她的卓越表现是[公司/组织]发展的重要推动力。

在[事件/工作/项目]中，[姓名]展现了出色的领导力和才能。

他/她的奉献精神和卓越表现是我们的榜样。

他/她为[公司/团队]作出的杰出贡献是不可忽视的。

这次表彰是对[姓名/单位]不懈努力和卓越成就的充分肯定。

他/她的努力和奉献是我们成功的关键。

他/她的卓越工作精神鼓舞着整个团队。

他/她在[工作领域]方面的专业知识和才能无与伦比。

他/她的领导力和决策能力为公司的长远发展作出了巨大贡献。

他/她是我们团队的中流砥柱、不可或缺的一员。

他/她的工作态度和责任感值得其他员工学习。

他/她的成功经验将继续启发和激励我们取得更大的成就。

他/她是[公司/团队]的闪耀之星，代表着我们的骄傲和荣誉。

11.5.2 批评通报中的常用句式及金句

以下是一些常用句式及金句，可以根据需要进行调整和修改。

经过仔细调查，我们不得不指出……

对于［问题 / 行为］，我们深感担忧。

我们认为这种情况需要严肃处理。

这种行为严重违反了我们的规章制度。

我们呼吁对此问题采取紧急措施。

我们期望［个人 / 团队］能够认真反思并采取纠正措施。

此问题对［公司 / 组织］的声誉造成了负面影响。

这种行为与我们的价值观和期望不符。

我们建议［个人 / 团队］在将来避免类似问题的发生。

我们相信通过认真审视问题，我们可以找到解决方案。

这次批评旨在帮助［个人 / 团队］识别并克服问题。

我们期望［个人 / 团队］能够借此机会改进自己的行为。

我们坚信，［个人 / 团队］具备克服困难的能力。

批评是为了提高［公司 / 组织］的整体表现和效率。

我们鼓励［个人 / 团队］参与解决问题的过程，提出建设性意见。

我们相信［个人 / 团队］可以从这次批评中吸取宝贵的经验。

我们期待［个人 / 团队］能够改善自己的行为，继续为［公司 / 组织］的成功作出贡献。

11.5.3 情况通报中的常用句式及金句

以下是一些常用句式及金句，可以根据需要进行调整和修改。

根据最新的数据和报告，我们可以确认……

经过详细的调查和分析，我们得出以下结论……

值得注意的是，［具体情况］正在持续发展。

我们已经采取了一系列措施来应对这一情况。

为了更好地了解情况，我们已经进行了深入调查。

我们已经与相关部门合作，以确保情况的掌握和处理。

我们将持续监测情况，并及时向您汇报最新的进展。

根据我们的分析，［具体情况］的趋势表明……

我们的团队一直在密切关注这一问题，并采取了迅速而有力的行动。

通过协作和共同努力，我们已经取得了一些积极的成果。

我们坚信，面对这一挑战，我们有能力克服困难并找到解决方案。

这一情况考验着我们团队紧密协作和应对危机的能力。

我们将继续积极应对，以确保问题得到妥善处理。

这一情况对我们的工作提出了新的挑战，我们将勇往直前、不懈努力。

我们将持续追踪并及时向您通报进展，以确保您随时了解情况。

我们相信，通过合作和持续的行动，我们能够解决这一问题。

扫一扫

通报范文及常用句式、金句

手把手教你用 AI 写报告

12.1　第一步，让 AI 了解报告的基本结构与格式

在用 AI 工具帮助我们撰写报告初稿之前，我们需要先训练 AI 工具，让其了解报告的基本结构与格式。因此，我们以工作报告为例，先找一篇符合报告的公文写作规范或者本单位公文写作要求的范文，按照以下方式向 AI 工具提问。

1. 初次提问

提示词如下。

以下是工作报告的一篇范文。

关于承办市政府工作报告重点工作落实情况的报告

我单位共承办市政府工作报告重点工作第 ××× 项、第 ××× 项、第 ××× 项，截至目前，正在稳步推进。现将具体情况报告如下。

一、市政府重点工作第 ××× 项

全面推进依法行政。认真执行市人大及其常委会的决议和决定，落实重大决策出台前向市人大常委会报告制度，自觉接受人大和政协监督。支持监察机关依法独立行使监察权，主动接受监察监督。

进展情况：

1. 现已完成第二季度法制宣传普法活动；

2. 坚持行政诉讼一把手出庭；

3. 开展依法行政培训；

4. 实行法制顾问制度，对文件、合同、协议等进行审核把关。

5. 认真执行区人大常委会党组决议和决定，坚持请示报告制度，自觉接受人大代表和政协委员监督。

问题及困难：

（略）

相关建议：

（略）

二、市政府重点工作第 ××× 项

（略）

党政办

××××年 ×× 月 ×× 日

请按照以上范文的格式和结构重写一篇工作情况报告。

AI 工具输出的结果如下。

关于承办市政府工作报告重点工作落实情况的报告

各位领导、同事：

我单位承办了市政府工作报告中的关键工作项目，包括第 ××× 项、第 ××× 项、第 ××× 项。我谨以此报告我单位目前的进展情况。

一、市政府重点工作第 ××× 项

本项目的核心任务是推进生态环境保护与改善工作，确保我市变得更加宜居和可持续。我们自觉践行了市人大及其常委会的决策，坚持在制定重大决策前向市人大常委会汇报，自觉接受人大代表和政协委员的监督。我们的努力集中在以下几个方面。

进展情况：

1. 加强生态环境宣传教育，成功举办多次环保公益活动，增强了市民的环保意识；

2. 精心制定环境管理政策，确保我市空气质量得到改善；

3. 积极推动绿色技术创新，鼓励企业采用环保技术和设备；

4. 与环保组织建立密切的合作关系，共同解决环境问题。

问题及困难：

1. 环境监管方面的资源短缺，需要增加人力和技术支持；

2. 部分企业在遵守环保法规方面仍然存在问题，需要更强有力的监管措施；

3. 城市扩张导致土地开发对生态环境产生不利影响，需要更好的规划和管理。

相关建议：

1. 提供更多资源以加强环境监管，包括人力、财力和技术支持；

2. 强化企业遵守环保法规的意识，采取严格的执法措施；

3. 制定更全面和可持续的城市规划，以减少对生态环境的不利影响。

感谢各位领导和同事的支持和关注，我们将继续努力，确保我市变得更加美丽宜居。

二、市政府重点工作第×××项

（略）

党政办

××××年××月××日

2. 再次提问

如前文所述，报告分为五类，即工作报告、情况报告、建议报告、答复报告和报送报告。下面我们再用一篇情况报告来做一次训练。

提示词如下。

以下是情况报告的一篇范文。

区应急局"国庆"期间安全生产工作情况报告

按照国务院、市委市政府和区委区政府有关"国庆"期间安全生产和应急工作要求,区应急局自××月××日"中秋节"起停止休假,全体干部职工围绕"国庆"安全服务保障工作,全力以赴、全时坚守、全面排查安全隐患、全力防范安全事故,以"精精益求精、万万无一失"的工作标准,确保了"国庆"期间全区安全生产形势稳定,"国庆"期间全区未发生生产安全事故和重大及以上突发事件。

一是突出重点领域执法检查。区应急局和乡镇(街道)专职安全员检查队全体停休,坚持"干部在岗,群众过好节"的工作要求,以××××专项行动为主线,对全区危险化学品、工业企业、人员密集场所、涉氨制冷、白酒制造等领域开展全面执法检查,严厉打击各类违法违规行为,持续保持执法高压态势。节日期间,区应急局共出动执法人员×××人次,检查生产经营单位××家次,查处各类隐患××项,下达责令限期整改指令书××份;乡镇(街道)专职安全员检查队共出动检查人员××人次,检查生产经营单位××家次,查处各类隐患××项,下达责令改正通知书××份。

二是发挥安办统筹协调作用。印发《关于加强国庆××周年安全服务保障切实做好当前安全防范工作的通知》(××办〔××××〕××号)和《关于进一步加强国庆××周年安全服务保障工作的通知》(××办〔××××〕××号),对全区"国庆"期间安全生产工作进行安排部署;成立××个督导工作组,对各乡镇(街道)"国庆"期间安全服务保障工作落实情况进行督导检查;针对学校、医院、养老机构、建筑工地、小产权房、餐饮、人员密集场所、仓储物流、森林防火、"散乱污"企业等 ×× 个重点领域,向主管行业部门和属地发出工作提示。三是做好重点时段应急值守。严格执行领导带班和 24 小时应急值守制度,落实人力、物资、通信等各项保障措施,妥善应对了 ×× 月 ×× 日降雨情况;每日收集研判城市运行和突出敏感情况,加强信息汇报和报送工作,及时报告涉及我区社会面防控、交通安全、生产安全、环境安全等方面的突出情况,以及影响城市安全运行或容易引发突发事件的预警性、苗头性、倾向性信息。

下一步,区应急局将继续保持工作状态,继续加大专项整治和执法检查力度,持续做好全区安全生产工作,持续保持全区安全形势稳定。

×× 区应急局

×××× 年 ×× 月 ×× 日

请严格按照以上范文的格式和结构重写一篇情况报告。

AI 工具输出的结果如下。

区应急局春节期间安全生产工作情况报告

按照国务院、市委市政府和区委区政府关于春节期间安全生产和应急工作要求,区应急局自 ×××× 年 ×× 月 ×× 日春节前夕起停止休假,全体干部职工坚守岗位,全力以赴,全面排查安全隐患,全力预防安全事故。现将我局春节期间安全生产工作情况报告如下。

一、强化执法检查

为确保春节期间的安全生产,我局全体干部职工坚持"安全生产无小事,责任重于泰山"的工作理念。我们紧扣中央和地方政府的工作要求,采取一系列措施,强化执法检查工作。具体举措如下。

成立并派遣督导工作组,对全区各乡镇(街道)春节期间安全服务保障工作进行检查督导,确保各项安全措施得到贯彻执行。

对危险化学品、工业企业、人员密集场所、涉氨制冷、白酒制造等重点领域进行全面执法检查，发现并处理各类安全隐患。

通过开展法制宣传教育和培训，增强广大干部职工遵守法律法规的意识，推动法制建设。

二、细化安全服务保障

我局积极配合区委区政府，印发《关于加强春节期间安全服务保障工作的通知》，明确工作要求和任务分工。我们成立了应急值守团队，全面做好重点时段的应急值守工作，确保信息汇报、应急处置等工作畅通无阻。

三、强化信息汇报

为了及时应对可能出现的突发情况，我局严格执行领导带班和 24 小时应急值守制度，确保信息的及时汇报和传递。我们每日收集、研判城市运行情况，关注各类安全风险，及时报告和处理可能与突发事件相关的信息。

四、取得的成绩

在我局的全力协调和推动下，我区春节期间安全生产形势稳定，未发生生产安全事故和重大及以上突发事件。我局在全面执法检查和信息汇报方面作出了积极的贡献，确保了全区居民平安过节。

五、下一步工作

为了继续保持全区的安全形势稳定，我局将继续保持工作状态，加大执法检查力度，继续深入推进安全生产工作，确保全区居民的生命财产安全。

××区应急局

××××年××月××日

　　另外三种报告类型的写法类似，在此就不再举例演示了。

12.2 第二步，为 AI 提供撰写报告的关键提示词

如前文所述，报告在形式结构上主要包括标题（通常为"发文机关＋事由＋文种"，有时可省略发文机关）、主送机关、正文、落款。其中，正文又包括缘由、事项和结尾。做报告时要注意做到情况确凿、观点鲜明、想法明确、口吻得体，不要夹带请示事项。结尾不能出现"以上报告当否，请指示"等用语，因为报告是无须上级回复处理的文种。另外，结尾也不能出现联系人和联系电话等信息。

我们在向 AI 工具提问时，提示词也需要分为相应的几个部分，越具体越好。下面举例说明。

提示词如下。

> 我是 A 市质量技术监督局的工作人员，现在需要拟一篇关于加强特种设备安全监管建议的报告。
>
> 请帮我拟好这篇报告的标题。
>
> 开头部分介绍本次报告的目的，比如，为了保障人民群众的生命财产安全，构建和谐社会，本着"安全第一，预防为主"的原则，我局对全市特种设备安全状况进行了普查，现将普查情况报告如下。
>
> 分条目列出如下报告内容：我市特种设备的基本情况，我市特种设备安全存在的主要问题，抓好我市特种设备安全监管的几点建议。
>
> 落款是 A 市质量技术监督局。
>
> 时间是 ××××年××月××日。

AI 工具输出的结果如下。

标题：关于加强特种设备安全监管建议的报告

一、缘由和目的

为了保障人民群众的生命财产安全，构建和谐社会，本着"安全第一，预防为主"的原则，我局对全市特种设备安全状况进行了普查。现将普查情况报告如下。

二、我市特种设备的基本情况

在我市，特种设备广泛应用于工业、商业和民用领域，涵盖了锅炉、压力容器、电梯、压力管道、起重机械、压力气瓶等多个类别。特种设备的数量和种类多样，为城市的正常运行和人民生活提供了必要的支持。

三、我市特种设备安全存在的主要问题

设备老化和维护不当：随着时间的推移，一些特种设备老化严重，未经及时维护和更新，存在安全隐患。

操作人员不合格：一些设备操作人员缺乏必要的培训和资质，容易造成操作失误，引发事故。

监管不足：特种设备监管缺乏足够的人力和技术支持，监管力度不够，导致隐患难以及时发现和处理。

信息不畅通：缺乏信息共享和传递机制，难以及时了解设备的运行状态和问题。

四、抓好我市特种设备安全监管的几点建议

建立完善的特种设备台账：建立全市特种设备台账，包括设备基本信息、年度检查情况、维护记录等，以便监管部门及时跟踪设备状态。

加强操作人员培训：设立培训机构，提供专业培训，确保特种设备操作人员具备必要的技能和资质。

增加监管力度：加大特种设备监管力度，增派监管人员，加强设备的定期检查和维护，及时发现和解决问题。

建立信息共享平台：建立特种设备信息共享平台，供设备管理单位和监管部门共享设备运行信息，便于监管和维护。

加强宣传教育：加强特种设备安全宣传教育，提高市民的安全意识，鼓励主动报告设备安全问题。

五、落款：A 市质量技术监督局

日期：××××年××月××日

12.3 第三步，根据 AI 输出的初稿优化提示词

上面输出的初稿，虽然语句比较流畅，内容也比较充实，但还存在三方面的问题：一是标题不是很规范，二是中间有过渡词，三是结尾没有"特此报告"等用语。

针对这三方面的问题，我们可以对原有的提示词进行优化。

优化后的提示词如下。

我是 A 市质量技术监督局的工作人员，现在需要拟一篇关于加强特种设备安全监管建议的报告。

标题是"A 市质量技术监督局关于加强我市特种设备安全监管建议的报告"，标题下面列明文号"××质监局〔××××〕××号"。

正文开头部分介绍本次报告的目的，比如，为了保障人民群众的生命财产安全，构建和谐社会，本着"安全第一，预防为主"的原则，我局对全市特种设备安全状况进行了普查，现将普查情况报告如下。

分条目列出如下报告内容：

一、我市特种设备的基本情况；

二、我市特种设备安全存在的主要问题；

三、抓好我市特种设备安全监管的几点建议。

落款是 A 市质量技术监督局。

时间是××××年××月××日。

AI 工具输出的结果如下。

A 市质量技术监督局关于加强我市特种设备安全监管建议的报告

××质监局〔××××〕××号

为了保障人民群众的生命财产安全，构建和谐社会，本着"安全第一，预防为主"的原则，我局对全市特种设备安全状况进行了普查。现将普查情况报告如下。

一、我市特种设备的基本情况

我市特种设备广泛应用于工业、商业和民用领域，包括锅炉、压力容器、电梯、压力管道、起重机械、压力气瓶等多个类别。特种设备数量众多、种类繁多，是我市生产生活中不可或缺的一部分。

二、我市特种设备安全存在的主要问题

1. 设备老化和维护不当：随着时间的推移，一些特种设备老化严重，未及时维护和更新，存在安全隐患。

2. 操作人员不合格：一些设备操作人员缺乏必要的培训和资质，容易造成操作失误，引发事故。

3. 监管不足：特种设备监管缺乏足够的人力和技术支持，监管力度不够，导致隐患难以及时发现和处理。

4. 信息不畅通：缺乏信息共享和传递机制，难以及时了解设备的运行状态和问题。

三、抓好我市特种设备安全监管的几点建议

1.建立完善的特种设备台账：建立全市特种设备台账，包括设备基本信息、年度检查情况、维护记录等，以便监管部门及时跟踪设备状态。

2.加强操作人员培训：设立培训机构，提供专业培训，确保特种设备操作人员具备必要的技能和资质。

3.增加监管力度：加大特种设备监管力度，增派监管人员，加强设备的定期检查和维护，及时发现和解决问题。

4.建立信息共享平台：建立特种设备信息共享平台，供设备管理单位和监管部门共享设备运行信息，便于监管和维护。

5.加强宣传教育：加强特种设备安全宣传教育，提高市民的安全意识，鼓励主动报告设备安全问题。

A 市质量技术监督局

××××年××月××日

12.4 第四步，审查、调整初稿

经过提示词优化，AI 工具输出的报告初稿已经大致符合公文写作的基本要求，但我们还需要进一步完成内容修订和格式调整的工作。

改后的文稿如下。

××××××文件

××质监局〔××××〕××号

A 市质量技术监督局关于加强我市特种设备
安全监管建议的报告

为了保障人民群众的生命财产安全，构建和谐社会，本着"安全第一，预防为主"的原则，我局对全市特种设备安全状况进行了普查。现将普查情况报告如下。

一、我市特种设备的基本情况

我市特种设备广泛应用于工业、商业和民用领域，包括锅炉、压力容器、电梯、压力管道、起重机械、压力气瓶等多个类别。特种设备数量众多、种类繁多，是我市生产生活中不可或缺的一部分。

— 1 —

二、我市特种设备安全存在的主要问题

1.设备老化和维护不当：随着时间的推移，一些特种设备老化严重，未及时维护和更新，存在安全隐患。

2.操作人员不合格：一些设备操作人员缺乏必要的培训和资质，容易造成操作失误，引发事故。

3.监管不足：特种设备监管缺乏足够的人力和技术支持，监管力度不足，导致难以及时发现和处理隐患。

4.信息不畅通：缺乏信息共享和传递机制，难以及时了解设备的运行状态和问题。

三、抓好我市特种设备安全监管的几点建议

1.建立完善的特种设备台账：建立全市特种设备台账，包括设备基本信息、年度检查情况、维护记录等，以便监管部门及时跟踪设备状态。

2.加强操作人员培训：设立培训机构，提供专业培训，确保特种设备操作人员具备必要的技能和资质。

3.增加监管力度：加大特种设备监管力度，增派监管人员，加强设备的定期检查和维护，及时发现和解决问题。

4.建立信息共享平台：建立特种设备信息共享平台，供设备管理单位和监管部门共享设备运行信息，便于监管和维护。

— 2 —

5.加强宣传教育：加强特种设备安全宣传教育，提高市民的安全意识，鼓励主动报告设备安全问题。

A市质量技术监督局

××××年××月××日

抄送：×××××，×××××，×××××××，××××
×××××。

×××××××××   ××××年××月××日印发

12.5　报告中的常用句式及金句

12.5.1　工作报告中的常用句式及金句

以下一些常用句式及金句，可以根据需要进行调整和修改。

开头的常用句式如下。

尊敬的领导和各位同事，我谨向大家汇报过去一段时间的工作情况。

首先，我要感谢全体团队在这个项目中付出的努力。

总结工作成绩时的常用句式如下。

我们在过去的季度 / 年度取得了显著的进展。

通过团队协作，我们成功地完成了关键任务 / 项目。

强调挑战和困难时的常用句式如下。

当然，我们在工作中也遇到了一些挑战和困难，但我们成功地克服了它们。

在竞争激烈的市场环境中，我们坚持不懈，取得了突破。

说明具体数据和统计情况时的常用句式如下。

我们的销售额增长了 ××%，达到了 ×××× 万元。

客户满意度调查显示，我们的满意度得分达到了 ××。

提出建议和改进措施时的常用句式如下。

为了进一步提高我们的绩效，我们建议采取以下措施⋯⋯

我们计划增加培训投入，以提高员工的专业素养和技能。

强调团队合作时的常用句式如下。

这一成就是团队协作的结果，我要感谢每位团队成员的贡献。

我们的成功离不开每个人的努力和协作，这是团队的胜利。

展望未来时的常用句式如下。

未来，我们将继续努力，争取更大的成功。

我们将继续关注市场变化，并灵活调整战略以适应新的挑战。

鼓舞士气时的常用句式如下。

让我们一起努力，创造更多的历史性时刻。

我相信，只要保持团队合作，就能迎来更美好的未来。

结束语的常用句式如下。

最后，我再次感谢每一位团队成员的辛勤付出，让我们一起迎接更多的挑战和机会。

谢谢大家的聆听，我期待着未来的合作和成功。

12.5.2　情况报告中的常用句式及金句

以下是一些常用句式及金句，可以根据需要进行调整和修改。

开头的常用句式如下。

尊敬的领导和各位与会者，我谨向大家汇报关于……的最新情况。

首先，我要感谢各位的关注和支持，现在请允许我介绍最新的进展。

总结主要发现时的常用句式如下。

根据最新数据，我们可以得出以下结论……

经过分析，我们发现……

强调关键数据或趋势时的常用句式如下。

关于销售方面，我们的收入在过去的季度增长了 ××%。

人员满意度调查显示，满意度得分稳步提高，现在达到了 ××。

详细说明问题或挑战时的常用句式如下。

然而，我们也面临一些挑战，其中之一是……

尽管取得了进展，但仍然存在一些问题，例如……

提出解决方案或建议时的常用句式如下。

为了应对此次挑战，我们建议采取以下措施……

我们正在积极探索解决方案，包括……

总而言之，这份报告详细说明了我们的进展和问题，同时提供了解决问题的方向。

强调团队合作和感谢时的常用句式如下。

这一成果反映了团队的协作精神，我要感谢每一位参与者的辛勤工作。

没有大家的支持和努力，我们就无法取得这些成就。

鼓舞士气时的常用句式如下。

让我们继续保持积极的态度，共同努力实现更大的成功。

我相信，只要我们团结一心，克服挑战将会变得更加容易。

结束语的常用句式如下。

再次感谢各位的关注，我期待着未来的合作。

谢谢大家，让我们一起为更好的明天而努力。

12.5.3　建议报告中的常用句式及金句

以下是一些常用句式及金句，可以根据需要进行调整和修改。

开头的常用句式如下。

尊敬的领导和各位同事，我谨向大家提出关于……的建议报告。

在过去的调研和分析中，我们发现了一些问题，现在请允许我提出一些建议……

说明问题或挑战时的常用句式如下。

我们的研究发现，当前我们面临的主要问题是……

最大的挑战之一是……

提出具体建议时的常用句式如下。

为了解决这一问题，我们建议采取以下措施……

我们认为最好的解决方案是……

强调建议的优点和益处时的常用句式如下。

采取这些建议将有助于提高效率，降低成本，提升客户满意度。

这些建议将有助于我们更好地应对竞争，保持市场份额并提高利润率。

分步骤说明实施计划时的常用句式如下。

我们建议开始实施一个试点项目，以评估效果。

我们建议逐步扩大实施规模，同时进行培训和监测。

说明论据时的常用句式如下。

这些建议基于市场调研和客户反馈，具有可行性。

我们已经分析了竞争对手的做法，这些做法是市场趋势的反映。

鼓舞士气时的常用句式如下。

让我们齐心协力，积极推动这些建议的实施，创造更好的未来。

我坚信，只要我们积极行动，这些建议将带来积极的改变和成果。

总结报告内容时的常用句式如下。

总之，提出这些建议是为了优化我们的业务和实现更好的业绩。

感谢各位的聆听，我们期待着共同实施这些建议并取得成功。

结束语的常用句式如下。

再次感谢各位的关注，我们期待着将这些建议付诸实践。

谢谢大家，让我们一起为更好的明天而努力。

12.5.4　答复报告中的常用句式及金句

以下是一些常用句式及金句，可以根据需要进行调整和修改。

开头的常用句式如下。

尊敬的 ×××，我谨代表 ××× 对您提出的建议或问题作出答复。

感谢您对我们的关注，现在请允许我提供答复。

说明对问题的认知和理解时的常用句式如下。

我们深刻理解您提出的问题，并对其影响进行了详尽分析。

我们已经对您的建议进行了全面的评估，并认识到……

说明具体措施时的常用句式如下。

为了解决这个问题，我们已经采取了以下措施……

经过认真考虑，我们决定……

强调改进和优化时的常用句式如下。

我们承诺继续改进，以确保类似问题不再发生。

我们将努力优化这一方面，以提供更好的服务和体验。

解释决策的合理性和可行性时的常用句式如下。

我们的决策基于市场分析和资源可行性，具有可行性。

我们相信这一决策是在当前情况下最明智的选择。

说明时间表或计划时的常用句式如下。

我们已经制订了实施计划，并将在下个季度开始执行。

我们计划在 ×× 月完成这一改进，以确保及时落实。

感谢建议或反馈时的常用句式如下。

感谢您的建议，这些建议对我们的工作非常有价值。

您的反馈对我们的决策起到了关键作用。

鼓励沟通和合作时的常用句式如下。

欢迎您随时与我们联系，以便跟踪进展并提供进一步的建议。

我们期待与您继续合作，共同实现我们的目标。

结束语的常用句式如下。

再次感谢您的建议，我们会尽力确保这一答复得到落实。

谢谢您的耐心，我们期待着共同努力改进和提高。

12.5.5　报送报告中的常用句式及金句

以下是一些常用句式及金句，可以根据需要进行调整和修改。

开头的常用句式如下。

尊敬的领导 / 委员会 / 部门负责人，我现在向您报告关于……的情况。

为了提供有关……的详细信息，我特此向您呈交以下报告。

说明报告主题时的常用句式如下。

此报告涵盖了关于……的重要信息，供您审阅。

这份报告旨在总结我们的进展和提供有关……的详细情况。

强调报告的重要性时的常用句式如下。

这份报告对于我们的决策和未来计划至关重要。

我们相信这份报告将为您提供有关……的重要见解和数据。

概括报告内容时的常用句式如下。

报告内容包括了……的详细分析、数据和建议。

您将在报告中找到我们的研究结果、调查发现和建议措施。

提供背景信息时的常用句式如下。

这份报告是基于我们的最新研究和实地调查编写的。

编制这份报告是为了回应我们之前的讨论和决定。

表达希望收到反馈时的常用句式如下。

我希望您能仔细审阅这份报告，欢迎您对其内容提出任何疑问或建议。

我们期待着您的反馈和意见，以便进一步完善我们的工作。

强调合作和开放性时的常用句式如下。

我们愿意与您合作，确保这份报告对我们的共同目标和任务产生积极影响。

您的意见和建议对我们非常重要，我们将保持开放的沟通渠道。

结束语的常用句式如下。

再次感谢您的关注，期待着与您一起取得更多的成果。

感谢您的信任，我们将继续为实现共同目标而努力。

报告范文及常用句式、金句

第 13 章

手把手教你用 AI 写请示

13.1 第一步，让 AI 了解请示的基本结构与格式

在用 AI 工具帮助我们撰写请示初稿之前，我们需要先训练 AI 工具，让其了解请示的基本结构与格式。因此，我们以求助性请示为例，先找一篇符合通行的公文写作规范或者本单位公文写作要求的范文，然后按照以下方式向 AI 工具提问，让其重写一篇请示。

提示词如下。

以下是求助性请示的一篇范文，请按照这篇范文的格式和结构重写一篇主题不同的求助性请示。

×× 市林业局关于建设 ×× 市森林防火远程监控系统的立项请示

省林业厅：

××× 以来，我市的森林防火工作在市委、市政府的高度重视下，加快了森林防火现代化、信息化建设步伐，为解决我市森林防火工作存在的及时预警报告难、护林巡查值守难、及时组织扑救难、现场指挥调度难等突出问题，×××× 年 ×× 月，市政府批准森林防火远程监控系统一期工程建设项目，市、县两级政府自筹资金 ×××× 万元，经过近半年的紧张施工，于 ×××× 年初建成并投入试运行。

目前，我市森林防火远程监控系统已具有森林火情远程监控、市县两级视频会议、移动通信指挥、热点信息传输、车辆定位和防火工作人员

手机定位六大功能，可监控森林面积××万亩，占全市森林面积的××%。采取的主要技术手段为在重点林区建设了××个野外图像采集点，利用微波、光缆等传输手段，将图像实时传输至市县××个监控中心。安装的主要设施设备有自动摄像、图像编解码器、光纤接收、协议转换器、硬盘刻录机、图像处理控制软件和图像显示设备等。

经过一年多的实际使用，该系统已取得了初步效益，实现了对重点林区火情的全部监控，提高了火情处置效率，降低了火灾形成概率，减少了森林火灾造成的损失。一年多来，通过监控系统发现的××起火情，由于发现早，行动快，全部在 24 小时内扑灭，基本实现了打早、打小、打了，森林火灾损失比前三年平均值下降××%，有效避免了森林火灾形成的社会影响。

按照《中共中央 国务院关于××××的若干意见》（××发〔××××〕××号）中"加强森林草原火灾监测预警体系和防火基础设施建设"的要求，为进一步提升我市森林防火工作的科学防控能力，使已建成的森林防火远程监控系统一期工程发挥最大效益，急需尽快上马二期工程，完善林区超短波通信、烟火自动识别报警定位、气象因子采集、地理信息系统（GIS）和火场指挥辅助决策等系统功能，四大系统分别如下。

通信公网系统：建设××个同（异）频超短波同播站，×××部对讲机，市县两级××套通信中枢设备，工程概算×××万元。

烟火自动报警定位系统：野外加装××套方位识别装置、成像判断装置，××套气象因子采集及传输设备，××套烟火自动报警定位软件，工程概算×××万元。

地理信息和指挥辅助决策系统：××套 1∶10000 电子地形图，××套森林火灾辅助决策系统软件，工程概算×××万元。

办公自动化系统：加密野外图像采集站点××个，扩大有效监控面积，安装各类野外监控设备，配齐森林资源监测管理软件，实现自动化管理，工程概算×××万元。

通过森林防火远程监控系统二期工程建设，可充分发挥该系统的重大作用，全面提升我市森林防火和森林资源信息化、网络化管理水平。我市决心在×年内完成建设任务，但由于项目建设需一次性投入×××万元，单靠地方政府解决，确有很大困难，为此，请省林业厅予以大力支持，并报国家林业局早日批准立项。

××市林业局

××××年××月××日

AI 工具输出的结果如下。

××市水资源管理局关于建设××市智能水资源监测与调度系统的立项请示

省水资源厅：

近年来，我市的水资源管理工作在市委、市政府的高度重视下，大幅提升了水资源监控和调度的现代化、信息化水平。为解决我市水资源管理中存在的信息不对称、流量调度低效、紧急事件响应不及时等问题，××××年××月，市政府批准智能水资源监测与调度系统一期工程建设项目。市、县两级政府自筹资金××××万元，经过××个月的紧张施工，于××××年初建成并投入试运行。

目前，我市智能水资源监测与调度系统已具备流量监测、水质监测、远程控制与调度、移动通信指挥、实时数据传输、工作人员定位等多项功能。系统覆盖了我市主要的水库、河流和水塘，总计可监测和调度×××万立方米的水资源，占全市水资源的××%。

该系统的建设和运行显著提高了我市的水资源管理效率，缓解了水资源分布不均和应急响应能力低下的问题。通过该系统，我们及时发现并解决了 ×× 起水资源问题，显著减少了水污染事件和提高了紧急事件的响应速度。

为了进一步提高我市水资源管理的智能化和精细化水平，并响应《中共中央 国务院关于 ×××× 的若干意见》的相关要求，我们计划尽快启动智能水资源监测与调度系统的二期工程。二期工程主要包括以下内容。

1. 数据分析与预测系统：建设 ×× 个数据分析中心，采购 ××× 套数据分析和预测软件，工程概算 ××× 万元。

2. 紧急响应与通信系统：加装 ×× 套紧急通信设备和响应软件，工程概算 ××× 万元。

3. GIS 地理信息系统：×× 套 1：5000 电子地图，×× 套水资源调度辅助决策系统，工程概算 ××× 万元。

4. 自动化与移动管理系统：升级 ×× 个现有监测点，增加移动管理功能，工程概算 ××× 万元。

通过二期工程的建设，我们将全面提升智能水资源监测与调度系统的综合性能，进一步加强我市的水资源管理能力。我市计划在 × 年内完成这一阶段的建设。但由于所需资金达到 ××× 万元，仅依靠地方政府的财力难以承担。因此，我们诚恳地请求省水资源厅给予全力支持，并希望能尽快报请国家水资源局审批立项。

×× 市水资源管理局

×××× 年 ×× 月 ×× 日

13.2　第二步，为 AI 提供撰写请示的关键提示词

请示在形式结构上主要包括标题、主送机关（请示对象）、正文、署名和成文日期。其中，正文又包括请示缘由、请示事项和请示结语。

我们向 AI 工具提问时，提示词也要分为相应的几个部分，越具体越好。下面举例说明。

提示词如下。

我是 A 公司的员工张三，现在需要写一篇因办公计算机损坏需采购新计算机的请示。

这篇请示应包含以下要素：（1）标题，请帮我拟一个合适的标题；（2）请示对象单占一行，为"行政部"；（3）正文分为三段，第一段说明请示缘由，办公计算机不慎进水，彻底损坏，无法修复，第二段说明请示事项，因工作实际需要，需在一周内采购一台办公计算机，预算大约为 3000 元，第三段是请示结语，为"以上请示，请予批示"；（4）署名为张三；（5）成文日期为 2023 年 10 月 1 日。

AI 工具输出的结果如下。

关于紧急采购办公计算机以替换损坏设备的请示

行政部

尊敬的行政部领导：

近日，我所使用的办公计算机不慎进水，专业人员的检查和尝试维修后，确认该计算机已彻底损坏，无法修复。这台计算机在我的日常工作中有着重要的角色，因此其损坏对我的工作造成了严重影响。

因工作的实际需要，我急需在一周内采购一台新的办公计算机。经过初

步的市场调研，预计需要的预算大约为 3000 元。由于这涉及公司财务预算，特此请示行政部进行审批和协助。

以上请示，请予批示。

张三

2023 年 10 月 1 日

13.3　第三步，根据 AI 输出的初稿优化提示词

上面输出的初稿，虽然语句比较流畅，内容也比较充实，但还存在两方面的问题：一是标题稍显啰唆，二是有两个请示对象。

针对这两方面的问题，我们可以对原有的提示词进行优化。

优化后的提示词如下。

我是 A 公司的员工张三，现在需要写一篇因办公计算机损坏需采购新计算机的请示。

这篇请示应包含以下要素：（1）标题为"关于紧急采购办公计算机的请示"；（2）请示对象单占一行，为"行政部"，不需要加"尊敬的行政部领导"；（3）正文分为三段，第一段详细说明请示缘由，办公计算机不慎进水，经外部专业人员检测，判定为彻底损坏、无法修复，第二段详细说明请示事项，因工作实际需要，需在一周内采购一台办公计算机，预算大约为 3000 元，因涉及公司财务预算，特此请示，第三段是简短的结语，为"以上请示，请予批示"；（4）署名为"张三"；（5）成文日期为 2023 年 10 月 1 日。

AI 工具输出的结果如下。

关于紧急采购办公计算机的请示

行政部：

我的办公计算机不慎进水，已经由外部专业人员进行了全面检测。检测结果表明，计算机已彻底损坏，无法进行修复。此情况严重影响了我日常工作的进行，对即将到来的项目和任务也产生了负面影响。

鉴于实际工作需求，我需要在一周内紧急采购一台新的办公计算机以恢复正常工作状态，预算大约为 3000 元。因为此项采购涉及公司财务预算和未计划的额外支出，特此请示支持。

以上请示，请予批示。

张三

2023 年 10 月 1 日

13.4 第四步，审查、调整初稿

经过提示词优化，AI 工具输出的请示初稿已经大致符合公文写作的基本要求，但我们还需要进一步完成内容修订和格式调整的工作。

改后的文稿如下。

关于紧急采购办公计算机的请示

行政部：

我的办公计算机不慎进水，已经由外部专业人员进行了全面检测。检测结果表明，计算机已彻底损坏，无法修复。此情况严重影响了我的日常工作，对即将到来的项目和任务也产生了负面影响。

出于实际工作需求，我需要在一周内紧急采购一台新的办公计算机以恢复正常工作状态，预算大约为3000元。因为此项采购涉及公司财务预算和计划外的支出，特此请示支持。

以上请示，请予批示。

张三

2023年10月1日

13.5 请示中的常用句式及金句

13.5.1 求示性请示中的常用句式及金句

以下是一些常用句式及金句，可以根据需要进行调整和修改。

说明请示缘由时的常用句式如下。

鉴于当前的情况，我提出以下请示。

鉴于［事项／项目］的特殊性／紧急性，特此向您请示。

最近，在执行 ×× 任务时遇到了一些问题，因此需要您的指导。

说明请示事项时的常用句式如下。

在您的批准下，我们计划进行下一步工作……

请您批准这项预算／方案／决策。

为确保项目／任务顺利进行，特此请示是否可以调整／采用以下方案或安排。

鉴于以上原因，我请求批准采购／更改／取消［具体事项］。

结束语的常用句式如下。

以上请示，请予批示。

敬请审阅，并指示下一步行动。

特此请示，望尽快给予回复。

望您能在方便的时候对此进行审批。

金句示例如下。

为避免给项目／公司造成更大的影响，特此紧急请示。

这一变化将对我们的财务／业务产生重大影响，特此请示。

考虑到团队／部门／公司的长期利益，我建议我们应当［具体行动］，望能得到您的批准。

鉴于公司政策和目前的资源状况，我提出以下方案以供审批。

13.5.2　求准性请示中的常用句式及金句

以下是一些常用句式及金句，可以根据需要进行调整和修改。

开头的常用句式如下。

敬请审阅以下关于［事项］的请示。

关于即将进行的［项目／任务］，特此提出以下请示。

说明请示缘由时的常用句式如下。

在进行［任务／项目］准备工作的过程中，我们发现需要［行动／资源］。

鉴于［某事件／现象／数据］，目前有必要［行动］。

由于［具体原因］，需要进行［行动／更改］。

说明请示事项时的常用句式如下。

特此请求批准［事项／预算］。

请予以审批，以便我们可以继续下一步工作……

我们计划在［具体时间］前完成［具体任务／采购］，因此需要尽快得到批准。

为了确保［目标／结果］，我们需要［资源／行动］，请您审批。

结束语的常用句式如下。

以上请示，敬请批准。

特此请示，望能尽快获得批准。

以上事项，请予以审阅和批准。

金句示例如下。

为确保项目顺利进行，特此请示并请求批准。

考虑到［某项重要的考量因素］，强烈建议并请求批准［具体行动／资源］。

为避免未来可能出现的问题或延误，特此提前请示。

该事项已经得到［相关部门／人员］的初步认可，现在正式提交给您，请予批准。

13.5.3　求助性请示中的常用句式及金句

以下是一些常用句式及金句，可以根据需要进行调整和修改。

开头的常用句式如下。

关于即将进行的［具体项目／任务］，我们面临一些挑战，特此提出以下请示。

敬请审阅以下关于［事项］的请示，并给予必要的支持和建议。

说明请示缘由时的常用句式如下。

在进行［任务／项目］准备工作的过程中，我们遇到了［具体问题／困难］。

鉴于［某事件／现象／数据］，目前有必要获得外部支持／建议。

由于［具体原因］，我们在［某方面］遇到困难。

说明请示事项时的常用句式如下。

特此请求贵部门在［具体时间］前提供相应的技术／资源支持。

请提供专业建议或方案，以便我们解决［具体问题］。

我们需要［某种资源／支持］以完成［某项任务／某个项目］，请您考虑能否提供协助。

结束语的常用句式如下。

以上请示，敬请给予必要的支持和建议。

望能尽快获得您的回复和协助。

如果需要更多信息以作出决定，我随时待命。

金句示例如下。

为确保项目的顺利进行，特此寻求您的专业建议和支持。

我们认为贵部门在这方面具有丰富的经验，非常期待能得到您的协助。

在［某方面］我们遇到了一些挑战，相信贵部门能给予我们宝贵的指导。

我们已经尽力解决问题但未能成功，现在急需您的专业协助。

AI 公文写作一本通
用 ChatGPT 和文心一言提高公文写作质量和写作效率

扫一扫

请示范文及常用句式、金句

手把手教你用 AI 写批复

14.1　第一步，让 AI 了解批复的基本结构与格式

在用 AI 工具帮助我们撰写请示初稿之前，我们需要先训练 AI 工具，让其了解批复的基本结构与格式。因此，我们以批准性批复为例，先找一篇符合通行的公文写作规范或者本单位公文写作要求的范文，按照以下方式向 AI 工具提问，让其重写一篇批复。

提示词如下。

以下是批准性批复的一篇范文，请按照范文的格式和结构重写一篇主题不同的批准性批复。

关于示范区 ×× 开发区停车服务收费标准的批复

市发改价格字〔××××〕×××号

×× 转型综合改革示范区 ×× 开发区管委会综合办：

你办《关于示范区 ×× 开发区部分停车位对外开放收费的请示》（综示 × 开综办函〔××××〕×× 号）收悉。根据《关于调整市城区机动车停车区域类别与停放服务收费标准的通知》（市发改价格字〔××××〕×××号）的规定，现批复如下。

一、停车服务收费标准为前 1 小时免费停放，1 小时后前 1 小时列入计费时段累加收费，每车每小时 2 元。停车时间超过 1 小时不足 2 小时的，按 2 小时计费，依次类推。连续存放 24 小时为一个计费周期，同一车辆

一个计费周期内累计收费不超过 10 元。

二、执行公务的警车和喷有执法标志的行政执法车辆、消防车、救护车、工程抢险车、军车免收停车费。

三、机动车停放服务收费实行明码标价制度，收费单位应在机动车停放场所及收费地点醒目位置设置明码标价牌，接受社会监督。

四、本通知自发文之日起执行。

×× 市发展和改革委员会

×××× 年 ×× 月 ×× 日

AI 工具输出的结果如下。

关于市中心图书馆延长开放时间的批复

市文化与教育局字〔××××〕×××号

市中心图书馆管理委员会：

你委员会《关于市中心图书馆延长营业时间的申请》（××××函〔××××〕××号）已经收到。依据《关于优化公共图书馆服务时间和条件的通知》（市文化与教育局字〔××××〕××××号）的有关规定，现批复如下。

一、市中心图书馆的开放时间延长至每周七天，周一至周五的开放时间为 9：00—21：00，周末为 9：00—18：00。

二、为确保安全，图书馆应增加安全人员和必要的安全设施。

三、图书馆应当在门口及网站上说明新的开放时间，并接受社会的监督。

四、本批复自发文之日起执行。

×× 市文化与教育局

×××× 年 ×× 月 ×× 日

14.2　第二步，为 AI 提供撰写批复的关键提示词

　　批复是与请示配合使用的，先有请示，后有批复。因此，我们可以把前面写好的请示发送给 AI 工具，让其撰写一篇批复。

　　提示词如下。

以下是 A 公司员工张三写的一篇请示，请针对这篇请示写一篇批复。

关于紧急采购办公计算机的请示

行政部：

我的办公计算机不慎进水，已经由外部专业人员进行了全面检测。检测结果表明，计算机已彻底损坏，无法修复。此情况严重影响了我的日常工作，对即将到来的项目和任务也产生了负面影响。

出于实际工作需求，我需要在一周内紧急采购一台新的办公计算机以恢复正常工作状态。预算大约为 3000 元。因为此项采购涉及公司财务预算和计划外的支出，特此请示支持。

以上请示，请予批示。

张三

2023 年 10 月 1 日

　　AI 工具输出的结果如下。

关于张三紧急采购办公计算机的批复

行政部字〔2023〕NO.001 号

张三：

你的《关于紧急采购办公计算机的请示》（2023 年 10 月 1 日）已收悉。经过评估你的工作需求及当前的财务状况，现批复如下。

一、批准你在一周内紧急采购一台新的办公计算机。预算上限为 3000 元。

二、由于这是一次紧急采购，故免除一般情况下需要经过的采购程序。然而，购买后需保留完整的发票和购买证明，以备后续财务核算。

三、购买完成后，请尽快通知 IT 部门进行必要的软件安装和网络设置，以确保新计算机能立即投入使用。

四、请务必注意未来计算机使用中的安全和维护，以防类似情况再次发生。

本批复自即日起生效。

A 公司行政部

2023 年 10 月 2 日

14.3　第三步，根据 AI 输出的初稿优化提示词

上面输出的初稿，虽然语句比较通顺，内容也比较充实，但还存在两方面的问题：一是提供了虚拟的文号，二是说明了批复的生效时间，这些内容都是不必要的。

针对这两方面的问题，我们可以进一步优化提示词。

提示词如下。

请删掉批复中标题下面的文号，删掉"本批复自即日起生效"这句话。

AI 工具输出的结果如下。

关于张三紧急采购办公计算机的批复

张三：

你的《关于紧急采购办公计算机的请示》（2023 年 10 月 1 日）已收悉。经过评估你的工作需求及当前的财务状况，现批复如下。

一、批准你在一周内紧急采购一台新的办公计算机。预算上限为 3000 元。

二、由于这是一次紧急采购，故免除一般情况下需要经过的采购程序。然而，购买后需保留完整的发票和购买证明，以备后续财务核算。

三、购买完成后，请尽快通知 IT 部门进行必要的软件安装和网络设置，以确保新计算机能立即投入使用。

四、请务必注意未来计算机使用中的安全和维护，以防类似情况再次发生。

A 公司行政部

2023 年 10 月 2 日

14.4　第四步，审查、调整初稿

经过提示词优化，AI 工具输出的批复初稿已经大致符合公文写作的基本要求，但我们还需要进一步完成内容修订和格式调整的工作。

改后的文稿如下。

关于张三紧急采购办公计算机的批复

张三：

你的《关于紧急采购办公计算机的请示》（2023年10月1日）已收悉。经过评估你的工作需求及当前的财务状况，现批复如下。

一、批准你在一周内紧急采购一台新的办公计算机。预算上限为 3000 元。

二、由于这是一次紧急采购，故免除一般情况下需要履行的采购程序。但是，购买后须保留完整的发票和购买证明，以备后续财务核算。

三、购买完成后，请尽快通知 IT 部门进行必要的软件安装和网络设置，以确保新计算机能立即投入使用。

四、以后请务必注意计算机的维护，以防类似情况再次发生。

A 公司行政部

2023 年 10 月 2 日

14.5　批复中的常用句式及金句

14.5.1　批示性批复中的常用句式及金句

以下是一些常用句式及金句，可以根据需要进行调整和修改。

开头的常用句式如下。

你（贵）单位的《关于 ×××× 的请示》已收悉。

我们已经审阅了你（贵）部门提交的《关于 ×××× 的建议》。

你（贵）单位提出的《关于 ×××× 的方案》已经得到了充分考虑。

说明核心内容的常用句式如下。

根据……规定，现批复如下。

经充分研究和评估，现作如下批示。

有关事项已获得上级单位的批准。

经过内部审议，同意你（贵）单位的建议。

说明具体指示时的常用句式如下。

批准按照所提方案执行。

请按照新的规定和标准进行操作。

各相关单位请按照本批复进行落实。

请尽快完成相关手续，并在［日期］前提交执行报告。

强调责任和要求时的常用句式如下。

请务必按期完成，逾期将进行责任追究。

各单位应严格执行本批复的各项要求。

结束语的常用句式如下。

请尽快回复执行情况。

如有问题，请及时与 ××× 联系。

请务必确保所有工作细节得到妥善处理。

14.5.2　批准性批复中的常用句式及金句

以下是一些常用句式及金句，可以根据需要进行调整和修改。

开头的常用句式如下。

我们已经审阅了你（贵）部门关于……的申请。

关于你（贵）单位提出的……，我们已进行了详细的评估。

表示批准时的常用句式如下。

经过仔细研究和评估，现予以批准。

根据相关规定和标准，你（贵）单位的提议获得批准。

说明具体指示时的常用句式如下。

请按照本批复的内容执行。

预算已批准，金额为 ×××× 万元。

完成期限为［日期］，请在期限内完成相关工作。

说明限制和要求时的常用句式如下。

请严格按照规定和标准进行操作。

所有相关操作应遵循［法律/法规］。

结束语的常用句式如下。

请务必在［日期］之前提交执行报告。

如有疑问或需要进一步的指导，请与 ××× 联系。

扫一扫

批复范文及常用句式、金句

第 15 章

手把手教你用 AI 写议案

15.1　第一步，让 AI 了解议案的基本结构与格式

在用 AI 工具帮助我们撰写议案初稿之前，我们需要先训练 AI 工具，让其了解议案的基本结构与格式。因此，我们先找一篇符合通行的公文写作规范或者本单位公文写作要求的范文，按照以下方式向 AI 工具提问，让其重写一篇议案。

提示词如下。

以下是议案的一篇范文，请按照范文的格式和结构重写一篇主题不同的议案。

××市××区人民政府关于提请审议××区××××年预算调整方案（草案）的议案

×政函字〔××××〕×××号

区人大常委会：

按照《中华人民共和国预算法》《××市××区预算审查监督办法》有关规定，需要增加举借债务数额的，增加或者减少预算总支出的，应当编制预算调整方案，提请本级人大常委会审查和批准。

××××年，我区本着"聚焦重点、适度举债、高效实用、防控风险"的原则，积极向××市申请新增政府专项债券。××月，××市批复下达我区专项债券资金××亿元，并调增了我区政府债务限额（主要用

于：×××区域棚户区改造土地开发项目××亿元，××乡棚户区改造和环境整治项目××亿元，××乡×区棚户区改造土地开发项目××亿元，××乡××组团棚户区改造土地开发项目××亿元，××乡棚户区改造和环境整治项目××亿元）。

截至目前，××市已批复下达我区新增专项债券资金××亿元。其中，首批专项债券资金××亿元已编制预算调整方案并经区第××届人大常委会第××次会议审议通过，新增批复下达专项债券资金××亿元为本次预算调整事项。

此外，为保障到期债券及时偿还，××市批复下达我区再融资专项债券××亿元，用于偿还对应的到期政府债券本金。再融资债券发行不改变地方政府债务余额，按要求纳入政府预算管理。

区政府按照要求起草了预算调整议案、预算调整方案（草案），根据《中华人民共和国地方各级人民代表大会和地方各级人民政府组织法》第五十条规定，现将该方案提交区人大常委会，请予审议。

附件：1.××市××区××××年预算调整方案（草案）

2.××市××区人民政府关于××区××××年预算调整方案（草案）和政府债务管理情况的报告

××市××区人民政府

××××年××月××日

AI 工具输出的结果如下。

××市××区人民政府关于提请审议××区××××年教育改革方案（草案）的议案

×政函字〔××××〕×××号

区人大常委会：

根据《中华人民共和国教育法》和《××市××区教育发展与改革办法》的有关规定，关于改革和提升教育质量的重要事项，应当编制方案，并提请本级人大常委会审查和批准。

在××××年，我区秉承"全面发展、注重质量、保障平等、创新先行"的原则，计划对教育体制进行一系列重要改革。××月，××市批复下达我区教育改革专项资金××亿元（主要用于：提升基础教育质量××亿元，职业教育和成人教育××亿元，特殊教育改革和发展××亿元，教师培训和发展××亿元）。

截至目前，××市已批复下达我区教育改革专项资金××亿元。其中，首批教育改革专项资金××亿元已编制预算调整方案并经区第××届人大常委会第××次会议审议通过，新增批复下达教育改革专项资金××亿元为本次预算调整事项。

此外，为确保教育改革的持续性和稳健性，××市批复下达我区教育改革风险应对基金××亿元，用于应对可能出现的各种风险和不稳定因素。该风险应对基金将纳入政府预算管理。

区政府按照要求起草了教育改革议案、教育改革方案（草案），根据《中华人民共和国地方各级人民代表大会和地方各级人民政府组织法》第五十条规定，现将该方案提交区人大常委会，请予审议。

附件：

1.××市××区××××年教育改革方案（草案）

2.××市××区人民政府关于××区××××年教育改革方案（草案）和教育改革的综合报告

××市××区人民政府

××××年××月××日

15.2　第二步，为 AI 提供撰写议案的关键提示词

根据内容的不同，议案可以细分为立法性议案、决策性议案、任免性议案等。在此，我们以任免性议案为例，让 AI 工具撰写一篇关于人事任免的议案。

提示词如下。

> 假设 A 县人民政府因工作需要提出任免职务的议案，具体内容为：任命 ××× 同志为 A 县教育局局长，免去 ××× 同志 A 县教育局局长职务，任命 ××× 同志为 A 县市场监督管理局局长，免去 ××× 同志 A 县市场监督管理局局长职务。请根据以上内容起草一篇议案。

AI 工具输出的结果如下。

> A 县人民政府关于提请审议任免职务方案（草案）的议案
>
> A 政函字〔××××〕××× 号
>
> 县人大常委会：
>
> 根据《中华人民共和国地方各级人民代表大会和地方各级人民政府组织法》及《A 县人民代表大会常委会工作规程》的有关规定，关于县级政府主要职位的任免，应当编制方案，并提请本级人大常委会审查和批准。
>
> 经综合考虑及评估，我县决定进行以下人事调整：
>
> 1. 任命 ××× 同志为 A 县教育局局长；
>
> 2. 免去 ××× 同志 A 县教育局局长职务；
>
> 3. 任命 ××× 同志为 A 县市场监督管理局局长；
>
> 4. 免去 ××× 同志 A 县市场监督管理局局长职务。
>
> 以上任免建议均已得到了县政府领导组成人员的充分讨论和一致认可。该方案已按照相关程序和要求，得到了县级有关部门的初步审核与批准。

我们认为，这一人事调整符合我县当前工作的实际需要，有助于更好地推动教育改革和市场监督管理工作，提升政府工作效能。

根据《中华人民共和国地方各级人民代表大会和地方各级人民政府组织法》第五十条规定，现将该方案提交县人大常委会，请予审议。

附件：

1. A 县教育局局长任免职务方案（草案）

2. A 县市场监督管理局局长任免职务方案（草案）

3. A 县人民政府关于以上任免职务方案（草案）的综合报告

A 县人民政府

××××年××月××日

15.3　第三步，根据 AI 输出的初稿优化提示词

上面输出的初稿，虽然语句比较通顺，内容也比较充实，但还存在三方面的问题：一是标题需要调整，二是文号格式不正确，三是添加了不必要的附件。

针对这三方面的问题，我们可以进一步优化提示词。

提示词如下。

请将标题改为"县人民政府关于提请任免×××等同志职务的议案"，将文号改为"××函〔××××〕××号"，删除附件。

AI 工具输出的结果如下。

县人民政府关于提请任免×××等同志职务的议案

××函〔××××〕××号

县人大常委会：

根据《中华人民共和国地方各级人民代表大会和地方各级人民政府组织法》及其他有关规定，关于县级政府主要职位的任免，应当编制方案，并提请本级人大常委会审查和批准。

经综合考虑及评估，我县决定进行以下人事调整：

1. 任命 ××× 同志为 A 县教育局局长；

2. 免去 ××× 同志 A 县教育局局长职务；

3. 任命 ××× 同志为 A 县市场监督管理局局长；

4. 免去 ××× 同志 A 县市场监督管理局局长职务。

以上任免建议均已得到了县政府领导组成人员的充分讨论和一致认可。该方案已按照相关程序和要求，得到了县级有关部门的初步审核与批准。我们认为，这一人事调整符合我县当前工作的实际需要，有助于更好地推动教育改革和市场监督管理工作，提升政府工作效能。

根据《中华人民共和国地方各级人民代表大会和地方各级人民政府组织法》第五十条规定，现将该方案提交县人大常委会，请予审议。

A 县人民政府

×××× 年 ×× 月 ×× 日

15.4 第四步，审查、调整初稿

经过提示词优化，AI 工具输出的议案初稿已经大致符合公文写作的基本要求，但我们还需要进一步完成内容修订和格式调整的工作。

改后的文稿如下。

A县人民政府

××函〔××××〕××号

县人民政府关于提请任免×××等同志职务的议案

县人大常委会：

根据《中华人民共和国地方各级人民代表大会和地方各级人民政府组织法》及其他有关规定，关于县级政府主要职位的任免，应当编制方案，并提请本级人大常委会审查和批准。

经综合考虑及评估，我县决定进行以下人事调整：

1. 任命×××同志为A县教育局局长；

2. 免去×××同志A县教育局局长职务；

3. 任命×××同志为A县市场监督管理局局长；

4. 免去×××同志A县市场监督管理局局长职务。

以上任免建议均已经过县政府领导组成人员的充分讨论并得

— 1 —

到一致认可。该方案已按照相关程序和要求，经过了县级有关部门的初步审核与批准。

我们认为，以上人事调整符合我县当前工作的实际需要，有助于更好地推动教育改革和市场监督管理工作，提升政府工作效能。

根据《中华人民共和国地方各级人民代表大会和地方各级人民政府组织法》第五十条规定，现将该方案提交县人大常委会，请予审议。

A县人民政府

××××年××月××日

15.5 议案中的常用句式及金句

15.5.1 立法性议案中的常用句式及金句

以下是一些常用句式及金句，可以根据需要进行调整和修改。

说明背景时的常用句式如下。

根据《×××法》第××条的规定……

考虑到当前的社会/经济/文化形势……

为了更好地实施/执行/推进……

经过充分研究和评估……

说明目的和目标时的常用句式如下。

本议案旨在……

通过此项议案，我们期望……

该方案的核心目的是……

我们提出此议案的主要目的是……

说明具体措施和方案时的常用句式如下。

我们计划/建议/提议……

为实现上述目标，需要……

将按照如下步骤进行……

特此建议采取以下行动……

说明依据时的常用句式如下。

依据《×××法》和相关政策……

根据专家/部门/机构的评估/建议/报告……

与《×××方针或指导意见》相符……

符合国家/地区/行业的标准和要求……

说明期望结果时的常用句式如下。

这将有助于……

预计会带来如下影响 / 结果……

此举将促进 / 提高 / 改善……

从长远来看，这将……

说明结论和呼吁时的常用句式如下。

因此，我们强烈建议 / 提议……

请予以审议并批准 / 采纳……

为了公共利益和长远发展……

15.5.2　决策性议案中的常用句式及金句

以下是一些常用句式及金句，可以根据需要进行调整和修改。

说明背景时的常用句式如下。

鉴于最近的状况……

综合考虑当前的需求和挑战……

在仔细分析了……之后……

为了响应公众 / 市场 / 行业的呼声……

说明目的和意图时的常用句式如下。

本议案的初衷是……

我们提出这一决策，旨在……

这一议案旨在解决 / 应对 / 优化……

我们的最终目标是……

说明决策内容时的常用句式如下。

我们决定 / 计划 / 提议……

经过认真权衡，我们建议……

经多方考量，我们选择……

本议案涉及的具体事项有……

说明理由和依据时的常用句式如下。

这一决策基于以下几点……

根据……的分析 / 报告 / 数据……

符合相关法律和政策要求，特别是……

经过与相关部门 / 机构的充分沟通和协调……

说明预期效果时的常用句式如下。

我们预计这将……

这样做预期能带来……

通过这一决策，我们希望实现……

这将为……带来长远 / 即时的益处。

描述行动和执行时的常用句式如下。

我们将在……期间开始实施。

相关方案和细则将由 ××× 负责。

这一决策将立即 / 于 [日期] 生效。

执行此决策的具体步骤包括……

结束语的常用句式如下。

综上所述，我们建议 / 请求 / 提议……

请予以认真考虑并及时批准。

我们期待各方的支持和合作。

特此提交议案，以便进一步审议和执行。

15.5.3　任免性议案中的常用句式及金句

以下是一些常用句式及金句，可以根据需要进行调整和修改。

说明背景时的常用句式如下。

根据《×××法》和相关规定……

考虑到目前的工作需求和人事布局……

鉴于×××同志的工作表现和能力……

由于组织结构调整和业务发展……

说明任命或提名情况时的常用句式如下。

我们提名／推荐×××同志担任……

经过充分考虑和评估，建议任命……

×××同志具备担任该职务的必要条件和资质……

该任命旨在完善组织结构和满足工作需求……

说明免职或职务调整理由时的常用句式如下。

我们建议／提议免去×××同志的职务……

由于［原因］，建议×××同志调离／离任……

免去其职务并非因为工作表现不佳，而是因为……

考虑到其个人愿望／健康状况／家庭原因……

说明理由和依据时的常用句式如下。

该任免决定基于以下几点考虑……

经过与相关部门／人员的充分磋商……

该提案已得到上级／相关机构的一致支持和批准……

根据内部评估／审查结果……

说明执行细节时的常用句式如下。

一旦获批，将立即公告／执行。

该任免决定将于［日期］生效。

任免程序将严格按照相关规定执行。

相关的工作交接／接管计划已经制订。

结束语的常用句式如下。

综上所述，我们提交这一任免议案以供审议。

请予以审查并作出适当决定。

特此提交，以便进一步审议和批准。

扫一扫

议案范文及常用句式、金句

手把手教你用 AI 写函

16.1 第一步，让 AI 了解函的基本结构与格式

在用 AI 工具帮助我们撰写函初稿之前，我们需要先训练 AI 工具，让其了解函的基本结构与格式。因此，我们先找一篇符合通行的公文写作规范或者本单位公文写作要求的范文，按照以下方式向 AI 工具提问，让其重写一篇函。

提示词如下。

以下是函的一篇范文，请按照范文的格式和结构重写一篇主题不同的函。
××市市场监督管理局关于做好全市电梯检验检测方式调整的函
市市监特设函〔××××〕×××号
各县（区、市）市场监管局，市综检中心，各电梯检测机构：
根据××市市场监督管理局《关于调整电梯检验检测方式试点工作方案》（市市监字〔××××〕××号）文件要求，自××月××日起，我市全域电梯均纳入检验检测调整范围。为保障此项工作顺利推进，方便电梯使用单位网上报检，现将有关事宜通知如下。
一、关于定期检验
××月××日之后进入现场实施定期检验的电梯，按照国市监特设字〔××××〕××号文件要求进行检验；××月××日前已经实施现场检验但还未完成检验流程的，仍按照《电梯监督检验和定期检验规则》

完成检验。电梯检验（检测）报告有效周期均为 1 年，在不实施检验的年份应进行定期检测，各检验检测机构发放电梯使用标志时，应同时注明下次检验日期和下次检测日期。

二、关于电梯检测网上申报流程

电梯使用单位可登录检测网址，进入 ×× 市智慧电梯检测管理平台进行账号注册，注册后可查询所属电梯是否应检测并对应检测的电梯申请报检。报检后由相应检测机构及时办理相关检测事宜，详见电梯检测申报流程示意图（附件）。

附件：1. 电梯检测申报流程示意图

2.×× 市电梯检测机构名单

×× 市市场监督管理局

×××× 年 ×× 月 ×× 日

AI 工具输出的结果如下。

×× 市环境保护局关于全市水质监测改进工作的函

市环保 ×× 函〔××××〕××× 号

各县（区、市）环境保护局，市环境检测中心，各水质监测机构：

根据 ×× 市环境保护局《关于改进水质监测方式的方案》（市环保字〔××××〕×× 号）文件要求，自 ×× 月 ×× 日起，我市全域的水资源均纳入水质监测范围。为确保此项工作得以高效实施，便于各相关单位网上报告，现将有关事宜通知如下。

一、关于定期监测

自 ×× 月 ×× 日起进入现场实施的定期监测，应按照国环保 ×× 字〔××××〕×× 号文件要求进行；×× 月 ×× 日前已经实施现场监测但尚未完成流程的，仍按照《水质监测与评价标准》进行。水质监测

（检测）报告的有效周期均为 1 年，在不实施监测的年份应进行定期检查。各检测机构在发布水质状况时，应同时注明下次监测日期和下次检查日期。

二、关于水质监测网上申报流程

水资源管理单位可登录监测网址，进入 ×× 市智慧水质监测管理平台进行账号注册。注册后可查询所属水资源是否应监测，并针对应监测的水资源申请报检。报检后由相应的监测机构及时办理相关监测事宜，详见水质监测申报流程示意图（附件）。

附件：1. 水质监测申报流程示意图

2. ×× 市水质监测机构名单

×× 市环境保护局

×××× 年 ×× 月 ×× 日

16.2　第二步，为 AI 提供撰写函的关键提示词

　　根据发文目的，函可以细分为发函和复函。发函就是主动提出相关事项而发出的函，复函就是为回复相关事项而发出的函。先有发函，后有复函。因此，我们可以把前面写好的函发送给 AI 工具，让其撰写一篇复函。

　　提示词如下。

请以第三方水质检测机构——×× 环境检测有限公司的身份，起草一篇对《×× 市环境保护局关于全市水质监测改进工作的函》的复函。

AI 工具输出的结果如下。

××环境检测有限公司

关于《××市环境保护局关于全市水质监测改进工作的函》的复函

检字〔××××〕×××号

尊敬的××市环境保护局：

我们已收到贵局发出的《××市环境保护局关于全市水质监测改进工作的函》（市环保××函〔××××〕×××号），并对其中的内容进行了认真研读和全面评估。我们深感这项改进工作对于提高本市水质监测的重要性，并且愿意全力配合贵局的工作。

一、关于定期监测

我们会严格按照国环保××字〔××××〕××号文件和贵局新发布的方案进行水质监测。同时，我们将确保所有与此相关的报告均在规定的周期内完成，并在报告中明确标注下次的监测和检查日期。

二、关于网上申报流程

我们已在××市智慧水质监测管理平台完成账号注册，并准备积极响应各水资源管理单位的报检请求。我们承诺将及时、高效地完成所有相关的水质监测任务，并按照平台上的水质监测申报流程示意图进行操作。

在此，我们也希望与贵局及其他监测机构保持密切的沟通与合作，以确保本次水质监测改进工作能够顺利进行。

附件：1.××环境检测有限公司水质监测能力介绍

2.××环境检测有限公司联系方式

敬请查收，如有任何疑问或需要进一步的澄清，敬请及时与我们联系。

谨此致敬！

××环境检测有限公司

××××年××月××日

16.3　第三步，根据 AI 输出的初稿优化提示词

上面输出的初稿，虽然语句比较通顺，内容也比较充实，但还存在三方面的问题：一是标题需要调整，二是文中包含不必要的文号，三是结束语稍显啰唆。

针对这三方面的问题，我们可以进一步优化提示词。

提示词如下。

> 请将复函标题改为"××环境检测有限公司关于《××市环境保护局关于全市水质监测改进工作的函》的复函"，删除文号，将"尊敬的××市环境保护局"改为"××市环境保护局"，将"谨此致敬"改为"特此函复"，删除附件。

AI 工具输出的结果如下。

> ××环境检测有限公司关于《××市环境保护局关于全市水质监测改进工作的函》的复函
>
> ××市环境保护局：
>
> 我们已收到贵局发出的《××市环境保护局关于全市水质监测改进工作的函》，并对其中的内容进行了认真研读和全面评估。我们深感这项工作对于提高本市水质监测的重要性，并且愿意全力配合贵局的工作。
>
> 一、关于定期监测
>
> 我们会严格按照"国环保××字〔××××〕××号"文件和贵局新发布的方案进行水质监测。同时，我们将确保所有与此相关的报告均在规定的周期内完成，并在报告中明确标注下次的监测和检查日期。

二、关于网上申报流程

我们已在 ×× 市智慧水质监测管理平台完成账号注册，并准备积极响应各水资源管理单位的报检请求。我们承诺将及时、高效地完成所有相关的水质监测任务，并按照平台上的水质监测申报流程示意图进行操作。

在此，我们也希望与贵局及其他监测机构保持密切的沟通与合作，以确保本次水质监测改进工作能够顺利进行。

敬请查收，如有任何疑问，敬请及时与我们联系。

特此函复。

×× 环境检测有限公司

×××× 年 ×× 月 ×× 日

16.4　第四步，审查、调整初稿

经过提示词优化，AI 工具输出的函初稿已经大致符合公文写作的基本要求，但我们还需要进一步完成内容修订和格式调整的工作。

改后的文稿如下。

××环境检测有限公司关于《××市环境保护局关于全市水质监测改进工作的函》的复函

××市环境保护局：

我们已收到贵局发出的《××市环境保护局关于全市水质监测改进工作的函》，并对其中的内容进行了认真研读和全面评估。我们深知这项改进工作对提高本市水质监测水平的重要性，愿意全力配合贵局的工作。

一、关于定期监测

我们会严格按照"国环保××字〔××××〕××号"文件和贵局新发布的方案进行水质监测。同时，我们将确保所有与此相关的报告均在规定的周期内完成，并在报告中明确标注下次的监测和检查日期。

二、关于网上申报流程

我们已在××市智慧水质监测管理平台完成账号注册，并准备积极响应各水资源管理单位的报检请求。我们承诺将及时、高效地完成所有相关的水质监测任务，并按照平台上的水质监测申报流程示意图进行操作。

— 1 —

　　我们希望与贵局及其他监测机构保持密切的沟通与合作，确保本次水质监测改进工作顺利进行。

　　如有其他疑问，请及时与我们联系。

　　特此函复。

××环境检测有限公司

××××年××月××日

16.5　函中的常用句式及金句

16.5.1　告知函中的常用句式及金句

以下是一些常用句式及金句，可以根据需要进行调整和修改。

开头的常用句式如下。

我们已经收到您在［日期］发出的……

感谢您于［日期］与我们就［主题］进行了咨询。

我们特此通知您，关于［主题］的决定已经作出。

主体部分的常用句式如下。

根据规定／政策／协议，我们决定……

我们请您特别注意以下几点……

为确保流程的顺畅，我们已经采取了以下措施……

在此背景下，我们建议您……

经过仔细评估，我们认为……

我们计划在［日期］前完成［某项任务／活动］。

请您在［日期］前提交所有必要的文档。

结束语的常用句式如下。

如果您有任何疑问，请随时与我们联系。

我们期待您在［日期］前完成所有必要的步骤。

我们对您的合作表示衷心的感谢。

感谢您的理解和支持。

敬请留意并遵循以上流程。

金句示例如下。

为了您和大家的共同利益，请您遵守以上规定。

我们重视每一位客户／合作伙伴的反馈。

请您严格按照期限执行，以免影响整体进度。

如有任何变更，我们将在第一时间通知您。

我们承诺提供全方位的支持和服务。

16.5.2　商洽函中的常用句式及金句

以下是一些常用句式及金句，可以根据需要进行调整和修改。

开头的常用句式如下。

我们非常高兴地得知您对我们的产品／服务感兴趣。

参考您上次的询问，我们特此提供以下信息。

我们了解到您目前在寻找符合您需求的产品／服务／解决方案。

主体部分的常用句式如下。

我们的产品／服务具有以下优势……

我们愿意在满足以下条件的前提下与您进行合作……

经过内部讨论，我们建议……

为了更好地满足您的需求，我们准备提供……

我们有意与贵公司探讨进一步的合作机会。

我们对产品／项目／合作进行了全面的市场调研，并认为……

我们计划在近期内推出新的产品／服务，并希望得到您的关注。

结束语的常用句式如下。

如果您有其他疑问或需要更多的信息，请随时与我们联系。

我们非常期待与您建立长期的合作关系。

我们诚挚邀请您参观我们的工厂／办公室／展览会等。

请您考虑我们的提案，并在方便的时候回复我们。

金句示例如下。

我们深信贵公司和我方在［某方面］有广阔的合作空间。

我们承诺为您提供最优质的服务和最具竞争力的价格。

时间就是金钱，让我们共同把握眼前的商机。

您的满意是我们最大的追求。

我们期待您的回复，以便尽快推进项目。

16.5.3　询问函中的常用句式及金句

以下是一些常用句式及金句，可以根据需要进行调整和修改。

开头的常用句式如下。

我们对贵公司的产品／服务／项目非常感兴趣，并希望获得更多详情。

在浏览贵公司网站后，我们对某产品／服务有一些疑问。

针对即将到来的事件／项目／计划，我们想了解更多信息。

主体部分的常用句式如下。

请您详细介绍一下产品／服务／项目的特点和优势。

我们需要以下相关信息／文档以进行更充分的考量。

请您提供该产品／服务的报价单和付款条件。

我们希望知道贵公司在［某方面］的经验和专长。

请您分享一些成功案例或客户反馈。

我们有意在［日期］前完成决策，请您在此之前给予回复。

结束语的常用句式如下。

如您需要更多关于我们需求的详细信息，请随时与我们联系。

我们期待贵公司的回复。

请您在［日期］前给我们详细的回复。

金句示例如下。

我们认为贵公司的产品／服务非常符合我们的需求，期待进一步的沟通。

以贵公司的声誉和经验，我们相信您能提供最专业的建议。

时间紧迫，如果您能及时回复，我们将不胜感激。

我们希望这次的询问能成为双方长期合作的起点。

贵公司的专业知识和经验是我们最看重的，敬请详细回复。

16.5.4　答复函中的常用句式及金句

以下是一些常用句式及金句，可以根据需要进行调整和修改。

开头的常用句式如下。

感谢您对我们的产品／服务／项目表示关注。

我们已收到您关于［主题］的询问，非常感谢。

对于您在［日期］的来信中提出的问题，我们非常重视。

主体部分的常用句式如下。

针对您的问题，我们提供如下解答……

经过内部研究和讨论，我们建议您……

关于您提到的想法／提议／疑问，我们的看法是……

我们很高兴地通知您，关于［主题］的最终决定是……

您所提出的问题涉及产品／服务／项目的关键部分，我们已经……

我们已经准备好了所有必要的文档／信息，如您需要，请告知。

在满足以下条件的情况下，我们愿意与您进一步商洽……

结束语的常用句式如下。

如果您还有其他疑问，请随时与我们联系。

我们期待与您建立长期和互利的合作关系。

敬请考虑我们的回复，希望得到您的反馈。

金句示例如下。

您的满意是我们工作的最大动力。

我们承诺提供优质的产品和卓越的客户服务。

我们一直致力于满足客户的需求和解决他们的问题。

我们期待有机会进一步讨论和深化双方的合作。

我们深信，通过双方的努力和合作，将实现共赢。

16.5.5　请批函中的常用句式及金句

以下是一些常用句式及金句，可以根据需要进行调整和修改。

开头的常用句式如下。

鉴于［某事项／情况］，我们提出以下请求／建议……

在充分考虑了［某因素］之后，我们有意申请……

经过内部研究和讨论，我们决定向您提交以下建议／请求……

主体部分的常用句式如下。

我们建议采取以下措施以改进／提升［某方面］。

我们申请［资源／预算／人员等］以实施某计划／项目。

该建议／请求得到了某部门／专家／顾问的支持和认可。

为确保［目标／结果］的达成，我们需要您的批准和支持。

我们已经准备了全面的执行方案供您审阅。

我们保证会严格按照相关规定／标准来执行某任务／项目。

若得到批准，我们计划在［日期］开始实施。

结束语的常用句式如下。

期待您早日批复，我们愿意提供任何必要的额外信息。

请您批准，期待您的指示和建议。

如您有任何疑问，请随时与我们联系。

金句示例如下。

该请求／建议符合公司的长期战略和目标。

我们相信这一举措将大幅提升［某方面］的效率和效果。

时机成熟，我们需要迅速行动以抓住机会。

我们承诺全力以赴，确保任务 / 项目的成功实施。

您的支持是我们取得成功的关键。

扫一扫

函范文及常用句式、金句

第 17 章

手把手教你用 AI 写纪要

17.1　第一步，让 AI 了解纪要的基本结构与格式

在用 AI 工具帮助我们撰写纪要初稿之前，我们需要先训练 AI 工具，让其了解纪要的基本结构与格式。因此，我们以联席会议纪要请示为例，先找一篇符合通行的公文写作规范或者本单位公文写作要求的范文，按照以下方式向 AI 工具提问，让其重写一篇纪要。

提示词如下。

以下是纪要的一篇范文，请按照范文的格式和结构重写一篇主题不同的纪要。

××市××××年职业病防治工作局际联席会议纪要

联席纪要〔××××〕×号

议题：全市职业病防治工作情况通报

时间：××××年××月××日（星期×）上午9：00

地点：市安监局×楼会议室

主持：×××

参加：×××、×××、联席会议成员单位人员

记录：×××

会议内容及议定事项

会议通报了全市职业卫生总体工作情况、全市煤矿职业病防治工作情况、

全市职业健康体检机构工作情况及全市职业病发病情况。会议调整了联席会议召集人、副召集人、办公室主任和部分成员单位参会人员，会议增设商务局为成员单位。

会议指出，××××事故反映出当前安全生产形势依然严峻，我们在预防安全生产事故的同时绝不能放松职业病防治工作。职业病防治工作关系广大劳动者健康，关系国家经济的可持续发展。国家、省、市政府发布的《安全生产×××规划》均将职业病防治列为重点内容。当前职业病防治形势依然严峻，一是接触职业病危害人数多；二是职业病危害分布广，中小企业问题突出；三是职业病危害流动性大，危害转移趋势明显；四是职业病具有隐匿性、迟发性等特点，其危害往往被忽视。近年来，职业病纠纷和职业病诊断争议引发的群体事件不断增加，已成为影响社会稳定的严重问题。我市的一些县、一些行业也不同程度出现了职业病发病苗头和因职业病诊断、劳动关系确定、职业病人权益保障而引发的纠纷问题，以及部分职业健康检查机构体检工作不规范等问题，反映出当前我们相关部门在职业病防治工作中思想认识不到位、职责认识不清、履责效果不佳的情况。

会议强调，职业病防治工作任务艰巨、责任重大。各成员单位要认真贯彻落实市委、市政府的决策部署，坚持以人为本、安全发展的理念，落实好党政同责，明确各项责任，更加积极主动地做好职业病防治工作，切实从根本上保障劳动者的合法权益。会议议定了以下事项。

一、明确职责分工，构建有效的职业卫生监管体制

按照中央编办发〔××××〕×××号文件和市编办发〔××××〕××号文件要求，各成员单位要在认真履行各自职责分工的基础上，安监局、煤炭局要认真履行对企业职业病防治的各项监管工作职责；卫生局要做好职业病诊断与鉴定，以及职业健康检查机构管理、职业病防治宣传教育等工作；人社局要做好劳动合同实施情况监管工作，督促用人

单位依法签订和履行劳动合同，同时做好职业病患者劳动关系确定及劳动仲裁等保障劳动者权益的相关工作；总工会要做好对企业职业病防治工作中职业病防护用品的发放、职工每年职业健康体检、职业健康培训的监督工作和其他反映劳动者职业健康方面诉求等维护劳动者权益的相关工作。

二、加强职业健康检查机构管理，规范职业健康检查报告

卫生局要加强对全市职业健康检查机构的管理，要求职业健康检查机构严格按照《职业健康监护技术规范》进行职业健康体检，并完善体检内容、体检项目，如实填写劳动者既往史、职业史等个人信息，同时进一步规范职业健康检查报告。

三、通力协作，抓好建设项目职业卫生"三同时"工作

针对会议上大家提出的建议职业卫生"三同时"进入政务大厅审批系统进行把关的事宜，联席会议办公室将向市政府有关领导和部门提出汇报和建议。但鉴于目前国务院正在实施取消下放行政许可审批事项工作，在目前状况下，市发改委、市经信委、市住建局、市工商局、市商务局、市财政局应按照《中华人民共和国职业病防治法》的要求，在立项审批阶段做好建设项目职业卫生"三同时"的把关和督促工作；市发改委、市经信委、市住建局、市工商局、市商务局各指派一名专人在每个季度后 ×× 天内将新立项审批的项目情况向联席会议办公室进行通报。各成员单位要安排督促各县（区、市）所属部门参照执行。

参会人员名单

市安监局：×××、×××、×××、×××、×××

市卫生局：×××、×××

市人社局：×××

市总工会：×××、×××

市煤炭局：×××

市经信委：×××、×××

市发改委：×××

市住建局：×××

市商务局：×××

市工商局：×××

市财政局：×××

AI 工具输出的结果如下。

××市××××年环境保护和可持续发展联席会议纪要

联席纪要〔××××〕×号

议 题：全市环境保护和可持续发展工作情况通报

时 间：××××年××月××日（星期×）上午9：30

地 点：市环境保护局×楼会议室

主 持：×××

参 加：×××、×××、联席会议成员单位人员

记 录：×××

会议内容及议定事项

会议全面通报了全市环境保护总体工作情况、空气质量管理、水污染防治、废物处理及生态保护情况。会议增加了城市规划局和交通局为联席会议成员单位，并对成员单位负责人进行了调整。

会议指出，全市环境问题依然严重，影响市民健康和经济社会可持续发展。特别是工业污染和城市垃圾问题越来越突出，生态环境面临巨大压力。会议强调，环境保护不仅是政府的责任，也是全社会应当关注的重要问题。

会议议定了以下事项。

一、明确各成员单位的责任和任务，形成全面的环境保护战略

市环境保护局负责监管企业排放、环境质量检测和生态保护工作；市水务局要加强对水污染的治理和水资源管理；城市规划局和交通局应注重城市可持续发展，推进公共交通和绿色建筑。

二、加强环境监管，严厉打击违法排放行为

市环境保护局将联合市公安局和市司法局，对非法排放企业进行严厉打击，措施包括罚款、停业整顿甚至吊销营业执照。

三、推进公众参与和环境教育

市教育局、市文化和旅游局应广泛宣传环境保护知识，鼓励全民参与环境保护活动。

参会人员名单

市环境保护局：×××、×××、×××、×××

市水务局：×××、×××

市教育局：×××

市文化和旅游局：×××、×××

市城市规划局：×××

市交通局：×××、×××

市公安局：×××

市司法局：×××

市经济和信息化局：×××

市卫生和健康局：×××

17.2　第二步，为 AI 提供撰写纪要的关键提示词

在日常工作中，更常见的是办公会议纪要，而会议纪要可以根据会议记录进行提炼。

我们可以把内容更加详细的会议记录发送给 AI 工具，让其提炼出关键内容及要点，形成一篇会议纪要。

提示词如下。

请根据以下办公会议记录写一篇办公会议纪要。

××公司 2023 年第三季度办公会议记录

会议主题：第三季度业绩回顾与第四季度战略规划

日期：2023 年 9 月 20 日（星期三）

时间：下午 2：00—4：00

地点：××公司 10 楼会议室

主持人：张明，总经理

记录人：李华，行政助理

与会人员

总经理：张明

市场部：王红、陈刚

产品部：刘文、赵芳

技术部：李强、吴昊

财务部：周涛

会议议程

1. 第三季度业绩回顾（张明）

2. 市场部工作报告（王红）

3. 产品部工作报告（刘文）

4.技术部工作报告（李强）

5.财务状况分析（周涛）

6.第四季度战略规划（张明）

会议内容与讨论

1.第三季度业绩回顾（张明）

总经理张明介绍，第三季度总销售额上涨 15%，但净利润下滑 5%。

张明指出，净利润下滑主要由原材料成本上升和营销开支增加引起。

2.市场部工作报告（王红）

王红介绍了新产品的市场接受度，并表示需要加强在社交媒体上的广告投放。

3.产品部工作报告（刘文）

刘文报告了当前产品的生命周期状态，提议第四季度推出新版本以吸引消费者。

4.技术部工作报告（李强）

李强表示技术部正在进行产品优化，并已解决上季度的一些关键技术问题。

5.财务状况分析（周涛）

周涛提供了财务报表，并指出因原材料成本上涨，第三季度利润空间受到压缩。

6.第四季度战略规划（张明）

张明提出第四季度的战略目标，强调提升产品质量和控制成本。

决定与行动计划

1.加大社交媒体广告投入，负责人为王红。

2.第四季度新产品版本将于 10 月 15 日前发布，负责人为刘文。

3.成立成本控制小组来寻找降低成本的方法，负责人为周涛。

下一次会议时间

确定下一次办公会议时间为 2023 年 10 月 18 日（星期五）。

会议结束时间：下午 4：00

会议记录人：李华

会议记录日期：2023 年 9 月 20 日

　　AI 工具输出的结果如下。

××公司 2023 年第三季度办公会议纪要

会议纪要编号：2023-Q3-001

议　题：第三季度业绩回顾与第四季度战略规划

时　间：2023 年 9 月 20 日（星期三）下午 2：00—4：00

地　点：××公司 10 楼会议室

主　持：总经理张明

记　录：行政助理李华

参 与 人 员

总经理：张明

市场部：王红、陈刚

产品部：刘文、赵芳

技术部：李强、吴昊

财务部：周涛

会议内容及议定事项

1. 第三季度业绩回顾

第三季度销售额上涨 15%，但净利润下滑 5%；

净利润下滑主要因为原材料成本上升和营销开支增加。

2. 各部门工作报告

市场部：新产品市场接受度良好，需加强社交媒体广告投放。

产品部：计划第四季度推出新产品版本。

技术部：解决了上季度的关键技术问题，正在进行产品优化。

财务部：财务报告显示，第三季度利润空间受到压缩。

3.第四季度战略规划

提升产品质量和控制成本为主要目标。

会议决定和行动计划

1.加大社交媒体广告投入，提高产品的市场影响力。

负责人：王红

2.第四季度新产品版本计划于 10 月 15 日前发布。

负责人：刘文

3.成立成本控制小组，专门负责降低成本的各项工作。

负责人：周涛

下次会议安排

下一次会议预计于 2023 年 10 月 18 日（星期五）召开。

纪要完成日期：2023 年 9 月 21 日

纪要完成人：李华

17.3 第三步，根据 AI 输出的初稿优化提示词

上面输出的初稿，虽然语句比较通顺，内容也比较充实，但还存在两方面的问题：一是会议纪要编号及下次会议安排是不必要的，二是纪要完成日期需要修改。

针对这两方面的问题，我们可以进一步优化提示词。

提示词如下。

请删除会议纪要编号及下次会议安排，将纪要完成日期改为"9 月 22 日"。

AI 工具输出的结果如下。

××公司 2023 年第三季度办公会议纪要

议 题：第三季度业绩回顾与第四季度战略规划

时 间：2023 年 9 月 20 日（星期三）下午 2：00—4：00

地 点：××公司 10 楼会议室

主 持：总经理张明

记 录：行政助理李华

参与人员

总经理：张明

市场部：王红、陈刚

产品部：刘文、赵芳

技术部：李强、吴昊

财务部：周涛

会议内容及议定事项

1. 第三季度业绩回顾

第三季度销售额上涨 15%，但净利润下滑 5%。

净利润下滑主要因为原材料成本上升和营销开支增加。

2. 各部门工作报告

市场部：新产品市场接受度良好，需加强社交媒体广告投放。

产品部：计划第四季度推出新产品版本。

技术部：解决了上季度的关键技术问题，正在进行产品优化。

财务部：财务报告显示，第三季度利润空间受到压缩。

3. 第四季度战略规划

提升产品质量和控制成本为主要目标。

会议决定和行动计划

1. 加大社交媒体广告投入，提高产品的市场影响力。

负责人：王红

2. 第四季度新产品版本计划于 10 月 15 日前发布。

负责人：刘文

3. 成立成本控制小组，专门负责降低成本的各项工作。

负责人：周涛

纪要完成日期：2023 年 9 月 22 日

纪要完成人：李华

17.4 第四步，审查、调整初稿

经过提示词优化，AI 工具输出的纪要初稿已经大致符合公文写作的基本要求，但我们还需要进一步完成内容修订和格式调整的工作。

改后的文稿如下。

××公司2023年第三季度办公会议纪要

议　题：第三季度业绩回顾与第四季度战略规划

时　间：2023年9月20日（星期三）下午2：00—4：00

地　点：××公司10楼会议室

主　持：总经理张明

记　录：行政助理李华

参与人员

总经理：张明

市场部：王红、陈刚

产品部：刘文、赵芳

技术部：李强、吴昊

财务部：周涛

会议内容及议定事项

1. 第三季度业绩回顾

第三季度销售额上涨15%，但净利润下滑5%。

净利润下滑主要是因为原材料成本上升和营销开支增加。

2. 各部门工作报告

市场部：新产品市场接受度良好，需加强社交媒体广告投放。

产品部：计划第四季度推出新产品版本。

技术部：解决了上季度的关键技术问题，正在进行产品优化。

财务部：财务报告显示，第三季度利润空间受到压缩。

3. 第四季度战略规划

提升产品质量和控制成本为主要目标。

会议决定和行动计划

1. 加大社交媒体广告投入，提高产品的市场影响力。

　　负责人：王红

2. 第四季度新产品版本计划于10月15日前发布。

　　负责人：刘文

3. 成立成本控制小组，专门负责降低成本的各项工作。

　　负责人：周涛

纪要完成日期：2023年9月22日

纪要完成人：李华

17.5　纪要中的常用句式及金句

17.5.1　工作会议纪要中的常用句式及金句

以下是一些常用句式及金句，可以根据需要进行调整和修改。

说明开幕情况和与会人员时的常用句式如下。

会议由×××主持，×××负责记录。

会议于［日期和时间］准时开始。

出席会议的人员有……

本次会议的主要议题是……

说明报告和讨论内容时的常用句式如下。

×××部门首先报告了上个季度的工作情况。

针对［问题］，×××提出了以下建议……

经过激烈的讨论，会议认为……

×××强调了……的重要性。

多数人同意×××的观点。

说明决策内容和行动计划时的常用句式如下。

经过投票，会议决定……

会议一致认为，必须立即采取行动。

针对［问题］，会议提出了以下解决方案……

×××负责完成……

有关×××的决策将在下次会议上进行审议。

总结和描述闭幕情况时的常用句式如下。

会议对所有议题进行了全面而深入的讨论。

会议确定了下一步的工作计划。

下次会议将于［日期/时间/地点］召开。

会议于［日期和时间］结束。

感谢大家的积极参与和贡献。

金句示例如下。

本次会议的目的是找出解决方案，而非找出责任人。

让我们把精力集中在可行的行动计划上。

优秀的团队不是没有分歧，而是能有效地解决分歧。

失败是成功之母，我们应从中吸取教训。

唯有全体成员齐心协力，才能达成预期的目标。

17.5.2　会议纪要中的常用句式及金句

以下是一些常用句式及金句，可以根据需要进行调整和修改。

说明开幕情况和人员分工情况时的常用句式如下。

代表大会由 ××× 主持，会议纪要由 ××× 负责。

代表大会于 ×××× 年 ×× 月 ×× 日上午 ×× 时准时开始。

出席本次大会的代表有……

本次代表大会主要议题是……

说明报告和提案情况时的常用句式如下。

××× 报告了过去一年的工作和成就。

××× 提交了关于……的提案，并由 ××× 进行了补充。

经综合讨论，多数代表支持 ××× 的观点。

说明讨论内容和建议时的常用句式如下。

针对［议题］，以下几点意见得到了大家的一致认同。

关于［问题］，大家进行了激烈的讨论。

会议一致同意，关于 ××× 的决策需要更多的数据支持。

说明决议和行动计划时的常用句式如下。

经过全体代表的投票，×××提案被正式采纳。

会议强调，针对［问题］，必须立即采取行动。

×××和×××被选定为下一步行动计划的负责人。

描述闭幕情况时的常用句式如下。

本次代表大会取得了实质性的成果。

下一次代表大会计划于××××年××月××日召开。

感谢所有代表的积极参与和贡献，会议于××××年××月××日下午××时结束。

金句示例如下。

代表大会是民意和行动的结合点。

通过集体智慧，我们能找到更好的解决方案。

每一位代表都是组织力量的体现。

让我们以实际行动，而非空谈，来实现我们的目标。

只有全体代表一致行动，才能推动组织前行。

17.5.3　座谈会议纪要中的常用句式及金句

以下是一些常用句式及金句，可以根据需要进行调整和修改。

说明开幕情况和与会人员时的常用句式如下。

座谈会由×××主持，会议纪要由×××负责。

本次座谈会于××××年××月××日在［地点］召开。

出席本次座谈会的嘉宾/代表/专家有……

本次座谈会主要议题是……

介绍主题与阐述观点时的常用句式如下。

×××首先对主题进行了简要的介绍。

×××从×××角度分享了自己的观点。

×××针对［问题］提出了几点看法。

说明互动和讨论情况时的常用句式如下。

在座的多数人对×××的观点表示赞同。

针对［问题］，出现了不同的意见和建议。

×××提出了一个值得进一步探讨的问题。

说明建议和结论时的常用句式如下。

经过讨论，座谈会达成了以下几点共识。

×××提出，对于［问题］，建议采取以下措施……

会议认为，关于×××的问题需要进一步的研究和跟进。

结束语的常用句式如下。

本次座谈会达成了预期目标，取得了实质性的成果。

感谢各位嘉宾/代表/专家的热情参与和宝贵建议。

座谈会于××××年××月××日××时顺利结束。

金句示例如下。

集思广益，方能解决问题。

座谈会不仅是交流观点的平台，更是找寻解决方案的过程。

有效的对话来自开放和尊重。

每个观点都是问题解决的一部分。

通过座谈，我们看到了问题，也找到了可能的出路。

17.5.4　联席会议纪要中的常用句式及金句

以下是一些常用句式及金句，可以根据需要进行调整和修改。

说明开幕情况和与会人员时的常用句式如下。

会议于××××年××月××日在［地点］召开。

会议由 ××× 主持，××× 负责记录。

出席会议的单位 / 人员有……

会议的主要议题是……

说明议题与报告内容时的常用句式如下。

首先，××× 对［议题］进行了详细汇报。

随后，××× 单位分享了 ××× 的最新进展。

××× 单位针对［议题］提出了以下几点建议……

说明讨论情况时的常用句式如下。

针对［议题］，××× 单位提出了不同的看法。

××× 单位就［议题］提出了几个具体的解决方案……

会议就［议题］进行了深入的讨论和交流。

说明建议与决定时的常用句式如下。

经过讨论，会议达成了以下共识……

对于［问题］，建议由 ××× 单位负责跟进。

会议决定，××× 将由 ××× 和 ××× 共同执行。

结束语的常用句式如下。

会议成功达成了预期目标，并对后续行动做了明确安排。

会议于 ×××× 年 ×× 月 ×× 日 ×× 时结束。

下一次联席会议将于 ×××× 年 ×× 月 ×× 日召开。

金句示例如下。

协作是解决复杂问题的关键。

信息共享，资源整合，目标一致。

合作的力量是无法估量的。

前提明确，责任清晰，执行有力。

沟通与合作是成功的桥梁。

17.5.5　办公会议纪要中的常用句式及金句

以下是一些常用句式及金句，可以根据需要进行调整和修改。

说明开幕情况和与会人员时的常用句式如下。

会议于××××年××月××日在［地点］召开。

会议由×××主持，×××负责记录。

出席会议的人员有……

会议主要讨论了以下议题……

说明议题与报告内容时的常用句式如下。

×××首先就［议题］做了详细的报告。

针对［议题］，×××部门提供了最新的数据和信息。

会议围绕［议题］展开了讨论。

说明讨论情况时的常用句式如下。

在关于［议题］的讨论中，×××提出了不同的观点。

针对［议题］，×××给出了几个可能的解决方案。

在讨论［议题］时，各方达成了一致意见。

说明建议与决定内容时的常用句式如下。

经过讨论，会议达成以下共识……

会议决定由×××负责跟进×××项目。

所有与会人员同意，关于×××的下一步行动是……

结束语的常用句式如下。

会议于××××年××月××日××时结束。

会议达成的重要决定和行动计划将由×××进行汇总和发布。

下次办公会议预定于××××年××月××日召开。

金句示例如下。

高效的会议是目标明确、议题准备充分的会议。

讨论是为了达成共识，而不仅仅是表达观点。

决策需要数据，行动需要责任。

不是所有会议都需要作决定，但每个会议都要有明确的目的。

好的沟通是一切成功合作的基础。

17.5.6　汇报会议纪要中的常用句式及金句

以下是一些常用句式及金句，可以根据需要进行调整和修改。

说明开幕情况和与会人员时的常用句式如下。

本次汇报会议于××××年××月××日在［地点］召开。

会议的主持人是×××，记录员是×××。

参会人员有……

会议目的是汇报［项目/议题］的进展和成果。

说明汇报内容时的常用句式如下。

×××部门/小组首先汇报了×××项目的最新进展。

针对［议题］，×××提供了详细的数据和分析。

×××介绍了×××的工作计划和预期目标。

说明问题与答疑情况时的常用句式如下。

在×××汇报后，会议进入了问答环节。

×××对于×××项目提出了几个问题，得到了×××的解答。

针对［议题］，×××给出了几个建议和改进措施。

说明决策与行动计划时的常用句式如下。

经过讨论，会议作出了以下决策……

［某部门/个人］将负责×××项目的推进和跟踪。

下一步行动计划包括……

结束语的常用句式如下。

会议于 ×××× 年 ×× 月 ×× 日 ×× 时结束。

会议纪要将由 ××× 整理并在 ×× 天内发送给所有参会人员。

下次会议预计将于 ×××× 年 ×× 月 ×× 日召开。

金句示例如下。

好的汇报是透明度和责任心的体现。

数据说话，结果为王。

每一个成功的项目背后都有一次成功的汇报。

信息共享是团队协作的前提。

知识不仅要用于决策，还要用于推动行动。

扫一扫

纪要范文及常用句式、金句